Ajouter aux compétences

Enseigner, coopérer et apprendre
au secondaire et au collégial

Jim Howden
Marguerite Kopiec

Chenelière
McGraw-Hill

CHENELIÈRE ÉDUCATION

Ajouter aux compétences
Enseigner, coopérer et apprendre au secondaire et au collégial

Jim Howden, Marguerite Kopiec

© 2000 Les Éditions de la Chenelière inc.

Coordination: Josée Beauchamp
Traduction: Jeanne Charbonneau
Révision linguistique: Sylvain Archambault
Correction d'épreuves: Pierre-Yves L'Heureux
Conception de la couverture: Christian Campana
Conception de la maquette intérieure: Josée Bégin
Infographie: Les Communications Abel Typo
Illustrations: Yves Boudreau

Données de catalogage avant publication (Canada)

Howden, Jim

   Ajouter aux compétences: enseigner, coopérer et apprendre au secondaire et au collégial

   Comprend des réf. bibliogr.

   ISBN 2-89461-363-6

   1. Apprentissage – Travail en équipe. 2. Enseignement – Travail en équipe. 3. Enseignement postsecondaire. 4. Enseignement – Méthodes actives. 5. Apprentissage I. Kopiec, Marguerite. II. Titre.

LB1032.H675 1999   378.1'795   C99-941724-X

**Chenelière
McGraw-Hill**

CHENELIÈRE ÉDUCATION

7001, boul. Saint-Laurent
Montréal (Québec)
Canada H2S 3E3
Téléphone : (514) 273-1066
Télécopieur : (514) 276-0324
info@cheneliere-education.ca

ISBN 2-89461-363-6

Dépôt légal: 1er trimestre 2000
Bibliothèque nationale du Québec
Bibliothèque nationale du Canada

Imprimé au Canada

4   5   6   7   TN   12   11   10   09

Dans ce livre, le masculin a été utilisé dans le but d'alléger le texte. La lectrice et le lecteur verront à interpréter selon le contexte.

Nous reconnaissons l'aide financière du gouvernement du Canada par l'entremise du Programme d'aide au développement de l'industrie de l'édition (PADIÉ) pour nos activités d'édition.

Gouvernement du Québec — Programme de crédit d'impôt pour l'édition de livres — Gestion SODEC

L'Éditeur a fait tout ce qui était en son pouvoir pour retrouver les copyrights. On peut lui signaler tout renseignement menant à la correction d'erreurs ou d'omissions.

« Rien de grand ne s'est accompli
dans le monde sans passion. »
Sextus Empiricus

« À tout argument s'oppose
un argument égal. »
Georg Wilhelm Friedrich Hegel

*À tous les élèves, enseignants et collègues qui
ont contribué à notre formation et
à notre cheminement en pédagogie.
À nos familles, qui nous ont aidés à réfléchir
sur le développement de la personne
et sur les interactions humaines.*

Marguerite et Jim

Au moment de la rédaction de cet ouvrage, le monde n'était pas un long fleuve tranquille...

L'être humain a besoin, d'abord et avant tout, de liberté – la liberté de faire des choix. Mais il n'est pas toujours facile d'effectuer les bons choix, ceux qui sont susceptibles de nous mener aux résultats escomptés. Comment nous assurer d'y arriver? Par la réflexion, le questionnement, l'exploration et l'accès à la rétroaction des autres. Tels sont les éléments indispensables au processus de croissance. Ce n'est pas une coïncidence si ces éléments constituent également les composantes du cycle de l'apprentissage; et si nous paraissons associer systématiquement «apprentissage» à «liberté» et à «épanouissement», qui s'en plaindra?

Ce manuel, qui s'adresse au pédagogue critique en vous, est conçu pour vous guider à travers un processus de réflexion sur l'apprentissage proprement dit, sur la valeur de l'apprentissage avec d'autres et sur l'entraînement à coopérer.

En réfléchissant sur vos propres compétences, vous pourrez les accroître. Tout pédagogue, de la maternelle à l'université, devrait consacrer un certain temps à remettre son travail en question. C'est ce que vous vous apprêtez à faire. Ce processus d'autoévaluation multipliera les possibilités de modifier les stratégies d'enseignement que vous mettez en application. Vous pouvez structurer le succès dans votre classe en établissant des liens entre votre enseignement et l'apprentissage de vos élèves.

Nous nous adressons dans ces pages à des collègues, à des enseignants devant composer avec un système d'éducation envahi par le vocabulaire des technocrates: changements, compétences, épreuve de synthèse, constructivisme, démarche multidisciplinaire, etc. Dans le tumulte que provoquent les réformes en éducation, il est légitime de se demander comment concrétiser dans les activités quotidiennes en classe tous les changements amenés par la refonte des programmes. Pour la plupart d'entre nous, il s'agit d'un véritable casse-tête. D'autant plus que nous savons tous qu'il est impossible de codifier des méthodes pédagogiques efficaces à l'aide de programmes, d'objectifs, de normes ou de procédés. Malgré tout, l'efficacité reste toujours un objectif fondamental tout autant qu'un devoir pour l'enseignant consciencieux. De façon claire et concise, ce manuel traite de la coopération comme d'un outil privilégié pour développer et maintenir cette efficacité.

Les caractéristiques de l'ouvrage

Afin de rendre agréable et efficace la lecture de cet ouvrage, nous l'avons rédigé avec un grand souci de clarté et de rigueur. De plus, sa mise en pages aérée en facilite la consultation.

L'utilisation de nombreux tableaux, figures et exemples favorise la compréhension des concepts abordés. En outre, des témoignages d'enseignants jettent un éclairage particulier sur différents éléments théoriques. Facilement repérables grâce à leur encadré caractéristique, ces témoignages sont le reflet de ce que vivent les enseignants qui adoptent la pédagogie coopérative. Nous nous sommes aussi permis de faire ressortir certains passages du texte qui nous semblent importants en les «épinglant» en marge. N'hésitez pas à faire comme nous: annotez le texte de façon à mieux vous approprier la matière et à personnaliser votre approche.

Chaque chapitre débute par une liste de questions ouvertes qui suscite chez le lecteur un premier questionnement sur la matière et donne une vue d'ensemble du contenu.

Un réseau de concepts vient par ailleurs clore chacun des chapitres : il permet de faire le point sur ce qui vient d'être lu. Nous avons également tenu à proposer en annexe du matériel reproductible éprouvé pouvant simplifier votre travail.

Enfin, le réseau de concepts ci-dessous donne un aperçu du contenu de cet ouvrage.

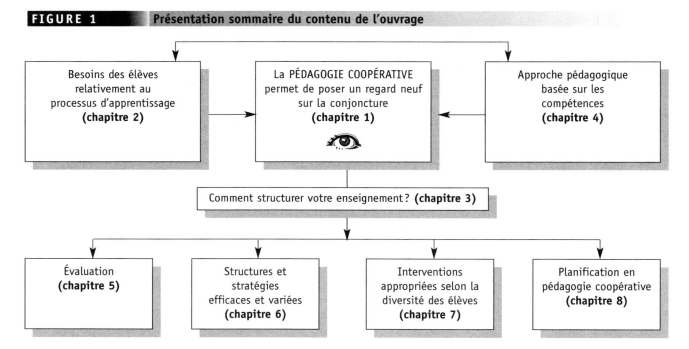

FIGURE 1　**Présentation sommaire du contenu de l'ouvrage**

Remerciements

Ce manuel est le fruit d'expérimentations en milieu scolaire, de recherches et de réflexions que nous avons menées en collaboration avec de nombreux travailleurs du réseau scolaire. Leurs judicieux conseils et leur expérience nous ont permis de rehausser la qualité du produit final.

Nous tenons donc à remercier chaleureusement :
- Jill Brook pour son encouragement, sa compréhension et son expertise ;
- Marcel Bourcier, Jean-François Cloutier, Christianne Cousineau, Lucie D'Amours, Louise Forget, Aline Hachey, Roch Lachance, Lucie Lemieux-Samson, Lucie Paradis et Chantal Poitras pour leur contribution aux exemples d'application ou pour leurs témoignages ;
- Christiane Blais, Efi Catarza-Rivest, Pierre Grenier, Kateri Lesage, Sylvain Montmarquette, Lisette Richer, Julie Roy et Luce Vincelette pour leur critique constructive ;
- Daphne Symeonides pour sa contribution à la section sur les intelligences multiples ;
- Normand Bérubé pour son expertise sur l'apprentissage fondé sur les compétences ;
- Josée Beauchamp et les divers collaborateurs des Éditions Chenelière/ McGraw-Hill pour la métamorphose formidable qu'a connue notre manuscrit.

Jim et Marguerite

TABLE DES MATIÈRES

Alors que le processus d'implantation de la réforme est bien amorcé, vous devez prendre le temps de réfléchir sur votre rôle en tant qu'éducateurs.

À plus ou moins long terme, des bouleversements sont prévisibles dans notre société, tant sur le plan économique que sur celui du développement de la science et de la technologie. En ce sens, les besoins des élèves peuvent être définis en fonction de quatre grands objectifs de l'apprentissage :

1. Compétence ou croissance de l'apprenant engagé dans une formation générale, solide et diversifiée. On peut définir une compétence comme étant la connaissance approfondie d'une matière ou d'une habileté réelle. Dans cette perspective, il est donc possible de la considérer comme une façon de modeler le savoir, les comportements et les attitudes.

2. Capacité de s'adapter aux situations, aux cultures et aux responsabilités nouvelles. Cette capacité prend de l'importance au fur et à mesure que la société évolue. Les élèves ont besoin de réfléchir, de s'adapter et de réagir aux pressions provoquées par le changement.

3. Capacité de faire des choix basés sur des valeurs importantes pour notre société, telles que la justice, la démocratie, l'égalité, le partage, la tolérance et le respect. Cette capacité doit faire partie du programme général régulier de tous les ordres du système d'éducation.

4. Ouverture à la diversité nécessaire pour mener à bien le processus de changement. Il s'agit d'accepter les différences, de les promouvoir et d'élargir ses horizons pour mieux vivre en tant que citoyens du monde « compétents ».

Les interactions coopératives en classe sont fondées sur ces mêmes préceptes. En fait, nous croyons qu'elles constituent une condition indispensable à la pleine réalisation des quatre objectifs qui orientent les changements en éducation. La pédagogie coopérative encourage les apprenants à participer activement au processus d'apprentissage. Quel que soit le système d'éducation en vigueur, nous devons, en tant qu'enseignants, entreprendre une analyse réfléchie de ce que nous enseignons et de la manière dont nous l'enseignons. La méthode d'enseignement que nous vous présentons ici et le système de valeurs qui la sous-tend s'appuient sur des stratégies éprouvées qui favorisent l'apprentissage et facilitent la croissance personnelle et sociale des apprenants.

Je pense que tout élève appliqué possède les capacités pour réussir au secondaire et au collégial puisqu'il a satisfait aux conditions d'admission. La réussite n'est bien souvent qu'une question de travail et de motivation. Je crois, par ailleurs, que la réussite est intimement liée, pour les élèves qui manquent de motivation ou d'assurance, à l'atmosphère qui règne dans la classe et qui dépend en bonne partie de l'attitude de l'enseignant. Je pense sincèrement, et de plus en plus (c'est un des avantages de vieillir…), que le plaisir est fondamental pour apprendre (ou même, de façon plus globale, pour vivre « en santé »). L'enseignant doit donc privilégier une approche qui maximise le plaisir d'apprendre; sa façon d'entrer en contact avec ses élèves sera déterminante à cet égard, et ce, même si la matière au programme est très aride.

Le plaisir est un état de contentement et de bien-être qui surgit chez une personne lorsqu'un désir est satisfait. Le plaisir ne peut exister que s'il y a d'abord désir d'être heureux… en classe comme partout ailleurs !

Une solution pour relever le défi

Nous vous offrons un guide des courants éducatifs contemporains principalement axé sur le rôle des enseignants, qui doivent naviguer entre les remous du changement. L'enseignement requiert de la planification, une présentation structurée des matières à l'étude et de la réflexion. Toute transformation du comportement doit être précédée d'une transformation dans les attitudes et les valeurs. Pour amener vos élèves à adopter les comportements appropriés en ce qui concerne leurs habitudes d'apprentissage ou la perception qu'ils en ont, vous devez nécessairement les mettre au défi de modifier leurs attitudes. Comme d'habitude, vous vous trouvez en première ligne et ce sont vos valeurs qui seront mises à l'épreuve les premières.

> J'ai de moins en moins le goût de transmettre mes connaissances, de parler aux quatre vents sans me préoccuper de l'effet de mes propos sur les élèves. Je souhaite désormais moins « professer » que faire apprendre et accompagner les élèves dans leur démarche d'apprentissage. Je me dois de former des personnes autonomes, en mesure de réfléchir, de résoudre des problèmes par elles-mêmes et de s'adapter au changement.

Nous vous invitons, en tant que pédagogues, à exercer votre sens critique. Pour vous encourager et vous aider à transposer les méthodes présentées ici dans votre enseignement, utilisez ce livre comme un miroir qui vous permet de poser un regard neuf sur vos techniques d'enseignement. Vous pourrez ainsi réfléchir constamment sur ce que vous êtes, sur ce que vous faites et sur ce vers quoi vous voulez mener vos élèves.

Les recherches à l'appui de l'utilisation de la pédagogie coopérative

La coopération est employée de différentes manières à tous les ordres du système d'éducation. On compte plus de 600 études[1] portant sur la coopération en classe. C'est en nous fondant sur ces sources sûres que nous pouvons affirmer qu'il y a des corrélations positives entre l'utilisation de la coopération et les résultats en apprentissage. Il est maintenant grand temps d'aider les enseignants à se servir de ces résultats.

D'après des recherches approfondies (Johnson et Johnson, 1989 ; Slavin, 1990 ; Abrami, et autres, 1996), la coopération amène les résultats suivants :
- meilleure performance scolaire et mémorisation accrue ;
- emploi plus fréquent de stratégies de raisonnement de niveau avancé et accroissement des compétences en matière de raisonnement critique ;

....
1. Selon Roger Johnson, pédagogue américain de renom ayant beaucoup écrit sur la coopération. M. Johnson enseigne également au Cooperative Learning Center de l'Université du Minnesota.

- habileté plus grande à considérer des situations du point de vue des autres;
- plus grande motivation intrinsèque;
- relations plus positives entre pairs, basées sur l'acceptation et le soutien, sans distinction fondée sur l'origine culturelle, sur le sexe, sur les capacités ou sur les classes sociales;
- attitudes plus positives à l'égard des matières scolaires, de l'apprentissage et de l'école en général;
- attitudes plus positives envers les enseignants, les administrateurs et le personnel de l'école;
- accroissement de l'estime de soi basée sur une acceptation fondamentale de soi-même;
- soutien social plus développé;
- adaptation psychologique plus positive et meilleure santé mentale;
- comportement moins perturbateur et inclination à la concentration sur une tâche;
- plus grand développement des habiletés et des attitudes nécessaires en matière de collaboration (indispensables pour travailler de façon efficace avec les autres).

On peut également citer un grand nombre de recherches à l'appui de la pédagogie coopérative et de son influence positive sur l'enseignement au collégial. Dans une étude comparative, Kaufman, Suttow et Dunn (1997) mettent en lumière certaines conditions propres à «structurer» le succès du travail en équipes au collégial, dont les suivantes:

- Les six composantes clés de la coopération (voir page 6) doivent être exploitées. Ces composantes jouent un rôle essentiel dans la planification et l'organisation efficaces de l'apprentissage.
- Les enseignants doivent être soutenus pendant la période où leur rôle de «transmetteur» des connaissances se transforme en celui de «facilitateur» et de «gestionnaire», et ils doivent être préparés en conséquence.
- Les élèves doivent eux aussi être préparés à la restructuration de la dynamique de classe – ce transfert des responsabilités n'est pas toujours aussi facile qu'on pourrait le penser.
- Certains élèves peuvent avoir de la difficulté à s'adapter à cette méthode – en partie à cause de leur propre style d'apprentissage, qui se trouve en conflit avec les structures du nouveau type d'apprentissage.
- Le degré de coopération entre les enseignants d'une même faculté a un effet sur l'emploi de la pédagogie coopérative.

Pour aller plus loin...

Vous trouverez dans les pages suivantes un résumé de l'état des recherches actuelles et la mention des sources bibliographiques. Nous vous encourageons à parfaire votre formation professionnelle en lisant ces articles écrits par des spécialistes et qui proviennent de revues spécialisées en pédagogie. Des suggestions de lecture sur certains éléments de recherche sont également présentées à la fin de la présente introduction.

- On encourage les «instructeurs» à cesser de considérer l'enseignement comme un simple effort pour «couvrir la matière» et à l'envisager dorénavant comme un moyen «d'aider les élèves à apprendre». (Svinicki, 1990)

- Les effets positifs de la pédagogie coopérative se font sentir sur le plan de la réussite scolaire au collégial. (Fraser, et autres, 1997)
- L'enquête en équipe (voir page 11) semble avoir pour effet de hausser considérablement le niveau de compréhension dans les sciences sociales. (Sharan, 1990)
- Les élèves apprennent beaucoup à l'intérieur des structures de la collaboration. Leur développement social, émotif et cognitif s'améliore lorsqu'ils peuvent discuter de la matière à l'étude avec d'autres. (Vygotsky, 1986)
- Il faut entretenir l'estime de soi des élèves pour les aider à développer leur potentiel. Le quotient émotif, ou l'estime de soi, est directement lié à la capacité d'apprendre. Le climat qui règne en classe et la structure de la tâche d'apprentissage exercent une influence directe sur la perception que les élèves ont d'eux-mêmes (Bruner, 1960).
- Les élèves peuvent apprendre de bien des manières. Les recherches ont mis en lumière différents types d'intelligences. L'exploitation des différentes intelligences des apprenants requiert l'utilisation de stratégies variées – les intelligences verbale / linguistique et interpersonnelle constituent un solide argument en faveur de l'emploi de la pédagogie coopérative. (Gardner, 1996)
- La coopération est plus efficace que la méthode des cours magistraux pour enseigner la communication écrite dans les entreprises. Avec ce type d'apprentissage, on a remarqué un progrès sensible dans le domaine des habiletés liées aux relations interpersonnelles. (Caroll, 1991)
- Au collégial, les enseignants structurent les situations d'apprentissage et les relations entre élèves de façon à accroître leurs chances de réussite et à développer leurs habiletés interpersonnelles et leur acceptation des différences culturelles, tout en favorisant une adaptation psychologique positive à la vie collégiale. (Johnson, Johnson et Smith, 1991)
- Dans l'approche constructiviste de l'apprentissage, le rôle des enseignants est moins de transmettre des connaissances que de faciliter l'apprentissage par des méthodes moins dirigistes, entre autres par l'apprentissage coopératif, qui est une technique viable dans les classes du collégial. (King, 1993)
- En éducation permanente, la pédagogie coopérative peut avoir des effets positifs sur les chances de réussite, les relations multiethniques, l'estime de soi, la mémorisation des connaissances et les attitudes. (Millis, 1991)
- La discussion au sein des équipes coopératives favorise la découverte et l'utilisation de stratégies cognitives supérieures à celle émanant du raisonnement individuel, qu'on retrouve dans les situations d'apprentissage basées sur la compétitivité et l'individualisme. (Johnson, Maruyama et autres, 1981)
- Les relations positives entre pairs sont essentielles à la réussite au collégial. Deux des principales raisons pour lesquelles les élèves abandonnent des cours sont l'incapacité d'établir un réseau social d'amis et de camarades et l'incapacité de participer à l'élaboration du contenu du cours. (Tinto, 1994)

- Il semble que la façon dont les élèves considèrent globalement leur éducation et la façon dont les enseignants présentent leur programme en classe ont beaucoup plus d'importance que la structure formelle du programme lui-même. (Astin, 1993)
- La pédagogie coopérative reconnaît l'existence d'influences sociales et émotives sur l'apprentissage et les utilise. (Cove et Goodsell-Love, 1996) Cette attitude témoigne du respect des partisans de la pédagogie coopérative pour les théories d'après lesquelles l'apprentissage est facilité ou entravé par les émotions. (Goleman, 1995)
- Les stratégies pédagogiques de collaboration favorisent l'apprentissage en lui incorporant de façon active les dynamiques affectives et sociales qui existent entre les élèves et entre ceux-ci et les enseignants. Ces stratégies sont basées sur l'idée que l'acquisition et la création du savoir résultent d'un processus social actif auquel les élèves doivent participer, et non d'un processus dans lequel ils ne sont que des spectateurs passifs. (Bruffee, 1993)

Suggestions de lecture

ASTIN, A.W., 1993. *What Matters in College. Four Critical Years Revisited*, San Francisco, Jossey-Bass.

BRUFFEE, K., 1993. *Collaborative Learning: Higher Education, Interdependence, and the Authority of Knowledge*, Baltimore, The Johns Hopkins University Press.

CARROLL, E. R., 1991. «Improved Interpersonal Relationships: A Result of Group Learning», *Journal of Business and Technical Communication*, 5, 3, p. 285-299.

COVE, P. G., et A. GOODSELL-LOVE, 1996. «Enhancing Student Learning: Intellectual, Social, and Emotional Integration», *ERIC Digest*, nº ED400741.

DAVIDSON, N., 1985. «Small-Group Learning and Teaching in Mathematics: A Selective Review of the Research», dans R. E. SLAVIN, S. SHARAN, S. KAGAN, R. HERTZ-LAZAROWITZ, C. WEBB et R. SCHMUCK, *Learning to Cooperate, Cooperating to Learn*, New York, Plenum.

FRASER, S. C., A. L. BEAMAN, E. DIENER et R. T. KELEM, 1977. «Two, Three, or Four Heads Are Better Than One: Modification of College Performance by Peer Monitoring», *Journal of Educational Psychology*, 69, 2, p. 101-108.

GARDNER H., 1996. *Les intelligences multiples*, Paris, Éditions Retz.

GOLEMAN, D., 1995. *Emotional Intelligence*, New York, Bantam Books.

JOHNSON, D. W., R. T. JOHNSON et K. A. SMITH, 1991. *Active Learning: Cooperation in the College Classroom*, Edina, Interaction Book Company.

—— 1992. «Cooperative Learning: Increasing College Faculty Instructional Productivity», *ASHE-ERIC Report on Higher Education*, vol. 91, nº 4.

JOHNSON, D.W. et autres, 1981. «Effect of Cooperative, Competitive and Individualistic Goal Structures on Achievement, a meta-analysis», *Psychological Bulletin*, vol. 89, nº 1, p. 47-62.

KING, A., 1993. «From Sage on the Stage to Guide on the Side», *College Teaching*, 41, 1, p. 30-35.

MILLIS, B., 1991. «Enhancing Adult Learning Through Cooperative Small Groups», *Continuing Higher Education Review*, 55, 3, p. 144-154.

SMITH, K. A., 1995. «Cooperative Learning: Effective Teamwork for Engineering Classrooms», *IEEE Education Society/ASEE Electrical Engineering Division Newsletter*, mars 1995.

—— 1996. «Cooperative Learning: Making Groupwork Work», dans C. BONWELL et T. SUTHERLUND, éd., «Active Learning: Lessons from Practice and Emerging Issues», *New Directions for Teaching and Learning*, n° 42, p. 115.

SMITH, K. A. et A. M. STARFIELD, 1993. «Building Models to Solve Problems», dans J. H. CLARKE et A. W. BIDDLE, éd., *Teaching Critical Thinking: Reports from Across the Curriculum*, Toronto, Prentice Hall.

SVINICKI, M. D., éd., 1990. *The Changing Face of College Teaching*, San Francisco, Jossey-Bass.

TINTO, V., 1994. *Leaving College: Rethinking the Causes and Cures of Student Attrition*, 2e édition, Chicago, University of Chicago Press.

SHARAN, S., 1990, *Cooperative Learning: Theory and Research,* New York, Praeger.

VYGOTSKY, L.S., 1986. *Thought and Language,* Cambridge, MIT Press.

L'apprentissage coopératif et la pédagogie coopérative

▶ Comment dois-je organiser le travail
en équipe dans ma classe?

▶ Comment dois-je organiser les échanges
entre les élèves de manière à favoriser la
coopération?

▶ Qu'est-ce que la pédagogie coopérative?

▶ Quelle différence y a-t-il entre
l'apprentissage coopératif et
la pédagogie coopérative?

L a définition d'une pédagogie comprend des éléments de stratégies, des méthodes et une vision philosophique de l'apprentissage qui amène nécessairement une inculcation de valeurs dans la relation interactive qui existe entre enseignants et apprenants. La figure 1.1 propose une description de la pédagogie coopérative telle qu'elle est abordée dans cet ouvrage.

FIGURE 1.1 La pédagogie coopérative

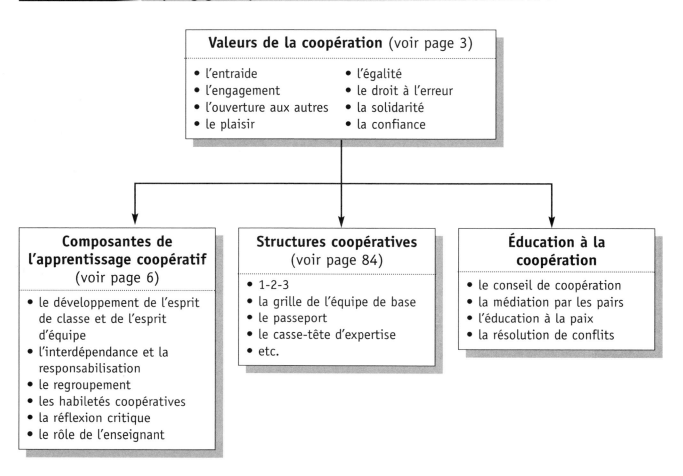

Valeurs de la coopération (voir page 3)

- l'entraide
- l'engagement
- l'ouverture aux autres
- le plaisir
- l'égalité
- le droit à l'erreur
- la solidarité
- la confiance

Composantes de l'apprentissage coopératif (voir page 6)

- le développement de l'esprit de classe et de l'esprit d'équipe
- l'interdépendance et la responsabilisation
- le regroupement
- les habiletés coopératives
- la réflexion critique
- le rôle de l'enseignant

Structures coopératives (voir page 84)

- 1-2-3
- la grille de l'équipe de base
- le passeport
- le casse-tête d'expertise
- etc.

Éducation à la coopération

- le conseil de coopération
- la médiation par les pairs
- l'éducation à la paix
- la résolution de conflits

Parmi les doctrines qui sont à l'origine de l'apprentissage coopératif, on trouve les réflexions de John Dewey[1], qui portent sur l'aspect social de l'apprentissage. Dewey (1963) considérait l'éducation comme une suite d'expériences comportant un apport de connaissances, un conflit et la résolution du conflit. Dans ce contexte, les habiletés interpersonnelles, développées grâce à l'apprentissage coopératif en petits groupes, sont nécessaires pour parvenir à une saine résolution des problèmes et à un mode de vie démocratique.

Dans une équipe, chaque membre doit posséder une forte personnalité pour que l'apprentissage en groupes restreints soit efficace. Lorsque Dewey traite de

----

1. Pédagogue et philosophe américain (1859-1952).

la contribution de l'individu au groupe social en milieu scolaire, il pose claire-ment les bases de l'apprentissage coopératif en petits groupes et crée ainsi une véritable structure pédagogique. Ce type d'apprentissage permet de mener des activités enrichissantes comportant comme valeurs intrinsèques la pression positive des pairs et la participation accrue. Dans ces activités, les apprenants constituent le centre d'intérêt et l'école, une représentation de la société. Par ailleurs, la coopération peut être mise en pratique dans toutes les salles de classe, de la maternelle jusqu'à l'université; il y a cependant une différence entre pédagogie coopérative et apprentissage coopératif, et c'est par la façon dont l'enseignant aborde la stratégie coopérative qu'il est possible d'établir cette différence.

La distinction entre ces deux éléments se situe, selon nous, dans l'étendue de leur champ d'influence respectif. Si le seul objectif de l'enseignant est de restructurer ses périodes d'enseignement pour y ajouter de la variété et rendre plus vivantes ses présentations, il n'utilisera que les composantes de l'**apprentissage coopératif** pour assurer le bon fonctionnement des équipes de travail. Toutefois, s'il tient à exercer plus d'influence sur ses élèves, à enseigner un certain contenu (le savoir), à développer des attitudes (le savoir-être) et à cultiver des habitudes constructives (le savoir-faire), il doit se tourner vers la pédagogie coopérative, laquelle s'appuie sur certaines valeurs et structure les expériences d'apprentissage d'une façon plus globale, comme s'il s'agissait d'un tout irréductible à ses parties. Ce type d'enseignement amène une redéfinition de votre rôle, et ce qui se fait en classe prend de plus en plus d'importance par rapport au programme suivi.

En vertu de la réforme pédagogique (voir chapitre 4, page 68), et dans le but spécifique de préparer les élèves à devenir des citoyens productifs et bien informés au sein d'une société multiculturelle, l'enseignant a pour tâche non seulement de renseigner les élèves, mais aussi de les éduquer.

En consultant cet ouvrage, vous constaterez que la pédagogie coopérative poursuit les mêmes objectifs.

Des activités coopératives en tout temps ? Non !

Des valeurs coopératives en tout temps ? Oui !

L'importance des valeurs dans la pédagogie coopérative

Si j'oblige l'individu à voir le monde à travers le prisme étroit de mon vécu et de mes perspectives, je perds l'occasion d'être un véritable enseignant.

Bob Samples, 1987 (traduction libre)

La coopération en classe découle de l'utilisation d'une stratégie de travail d'équipe qui vise à stimuler l'apprentissage et à favoriser le développement de l'individu tout entier. On ne peut atteindre l'un ou l'autre de ces objectifs sans d'abord définir les valeurs de la coopération qui sous-tendent une transformation adéquate du comportement, sans façonner ces valeurs et sans y réfléchir. Nous avons déterminé huit valeurs jugées essentielles au développement de la coopération; ces valeurs sont présentées dans le tableau 1.1 (voir page 4) et à l'annexe 1 (voir page 143). Il est important que vous y adhériez et que vous fassiez preuve d'une grande honnêteté envers vos élèves lorsque vous les leur présentez; en effet, dans les premiers temps, vous servez de modèles à vos élèves. Il faut aussi discuter avec les élèves de l'importance de chacune de ces valeurs dans la culture de la classe et leur poser la question suivante: comment ces valeurs peuvent-elles se manifester dans les comportements de tous les jours?

TABLEAU 1.1

HUIT VALEURS ESSENTIELLES À LA COOPÉRATION

Valeur	Exemples de comportement
L'ouverture aux autres	• Nous pouvons travailler avec tout le monde. • Nous acceptons et nous apprécions les différences entre les personnes. • Nous accueillons la diversité avec enthousiasme. • Nous nous intéressons aux idées différentes des nôtres. • Nous acceptons l'influence que les autres peuvent exercer sur nous.
La confiance	• Nous nous faisons mutuellement confiance. • Nous croyons que chaque membre de l'équipe essayera de nous aider à atteindre notre but commun.
Le plaisir	• Nous aimons travailler et apprendre ensemble. • Nous avons le droit d'avoir du plaisir.
Le droit à l'erreur	• Personne n'est parfait et c'est normal. • Nous acceptons les erreurs de nos coéquipiers.
L'entraide	• Nous nous entraidons. • Nous sommes persévérants. • Nous nous assurons que tout le monde comprend.
L'engagement	• Nous participons activement au travail et nous respectons nos rôles. • Nous persévérons. • Nous réglons ensemble nos conflits.
L'égalité	• Nous travaillons en donnant le meilleur de nous-mêmes. • Nous sommes différents mais égaux. • Nous nous comprenons et nous sommes tolérants.
La solidarité	• Nous avons des objectifs communs. • Nous formons une équipe. • Nous unissons nos forces.

Vous devez vous poser certaines questions: «Qu'est-ce que j'enseigne: s'agit-il seulement d'un contenu?» «Est-ce que j'enseigne ou est-ce que j'éduque?» «Devrais-je enseigner des valeurs morales dans une classe de niveau collégial?» Cette dernière question amène une autre interrogation: «Est-ce que je possède les habiletés nécessaires et est-ce que je dispose du temps requis pour enseigner des valeurs morales?» Nous croyons sincèrement que la façon dont l'enseignant interagit avec ses élèves constitue une indication claire de son adhésion à certaines valeurs. Ces valeurs déterminent la manière dont il répond aux questions qui lui sont posées, le ton de voix qu'il adopte en s'adressant à un élève qui n'a pas complété sa tâche à temps et même sa façon de saluer les élèves au début de chaque cours. En fait, la question qui se pose est la suivante: «Comment peut-on **ne pas** enseigner certaines valeurs en classe?» Lorsqu'on veut éduquer des jeunes adultes de façon à ce qu'ils acquièrent les habiletés requises sur le plan social, comme la négociation, on doit leur enseigner explicitement les valeurs qui sont à l'origine des comportements recherchés. Dans une classe, ces valeurs sont essentielles pour que les élèves se sentent motivés, stimulés et capables de réussir. Le climat qu'elles font régner crée des conditions faisant que chaque élève considère ses pairs de façon positive, ce qui donne à ces derniers une meilleure image d'eux-mêmes; en outre, une telle relation entre élèves profite à tous du point de vue de l'apprentissage. Ces valeurs, qui contribuent à entretenir une saine atmosphère sur les plans affectif et cognitif, sont les mêmes que celles permettant aux individus de développer des relations sociales harmonieuses et très efficaces, tant dans leur vie personnelle que dans leur milieu de travail. Ce sont aussi ces valeurs qui favorisent le développement d'une société fondée sur l'empathie et l'acceptation d'autrui.

La présentation des valeurs en classe

Afin de m'assurer que les élèves comprennent bien ma démarche, j'ai pris cinq minutes au début du cours pour leur expliquer l'importance de se connaître mutuellement. Je leur ai fait constater que l'on est souvent beaucoup plus semblables que différents. Lorsque les élèves ont formé les équipes, j'ai été surpris de constater que plusieurs d'entre eux ont spontanément serré la main de leur nouveau coéquipier. Cette première tentative a donc été couronnée de succès et elle m'a encouragé à continuer. Il faut avouer que ce n'est pas une action d'éclat, mais plutôt de petits gestes qui modifient une activité existante et qui lui donnent une autre dimension. Les élèves commencent à découvrir les différentes facettes de la personnalité de leurs camarades et je dirais que j'ai finalement renversé la tendance qu'ils avaient à ne pas vouloir travailler avec un tel ou une telle... Ils ont découvert de nombreuses valeurs de la coopération... toujours affichées dans ma classe et sur lesquelles nous revenons régulièrement!

Pour aider les élèves à comprendre quelques-uns des idéaux qui sous-tendent votre façon d'agir, vous devriez afficher la description de chacune des valeurs relatives à la coopération dans la salle de cours (voir tableau 1.1). Ces valeurs peuvent être intégrées dans tout ce que vous faites, y compris dans les stratégies d'enseignement utilisées en classe. Par exemple, nous avons déjà organisé, dans nos classes de niveau universitaire, une séance de remue-méninges où les élèves devaient dresser une liste des valeurs qui leur paraissaient essentielles pour créer un climat propice à l'apprentissage. Après cet exercice, nous leur avions présenté les huit valeurs susceptibles de stimuler l'apprentissage et de créer un environnement où serait privilégiée la sensibilisation à la différence. On peut aussi communiquer ces valeurs aux élèves par un enseignement dialectique, soit en leur présentant des certitudes et des données concernant une matière ainsi que des dilemmes et des controverses relatifs à cette matière. Cette méthode d'apprentissage encourage les élèves à établir des liens positifs entre leur expérience de la vie et la matière en question.

Par l'enseignement, vous communiquez des valeurs aux élèves. Ces valeurs seront évidentes dans l'organisation des cours et dans la philosophie qui inspire les évaluations. Le rôle que vous choisissez de jouer en tant qu'enseignant fournit aussi des indices concrets quant aux valeurs qui ont de l'importance pour vous.

Comment les élèves peuvent-ils acquérir ces valeurs ?

Modifier son système de valeurs active un processus qui rappelle celui de l'élaboration d'une théorie scientifique ou encore celui du développement de la personne en général. Par exemple, un individu vit des expériences ; il crée des moyens pour essayer de réfléchir à ces expériences, de façon à leur donner un sens ; il met ensuite ses théories (ou ses valeurs) à l'essai en y réfléchissant consciemment, en étudiant ce que d'autres ont dit ou fait, en parlant à d'autres personnes et en adoptant certains comportements pour voir ce qu'il se passera (McKeachie, 1994).

Lorsque vous modifiez vos valeurs, vous ne devez pas renoncer à votre système de croyances (à toutes vos convictions) ni à toutes vos anciennes valeurs. Vous devez plutôt prendre des mesures pour intégrer les nouvelles valeurs dans votre expérience de vie. Les élèves suivront votre exemple.

Les six composantes clés de l'apprentissage coopératif

> J'ai fait d'agréables découvertes pédagogiques relativement à l'importance de la structuration des équipes dans l'enseignement des habiletés coopératives. Je retiens que le rôle des membres, qu'il soit de nature scolaire ou de nature sociale, doit être clarifié au sein de l'équipe pour favoriser un bon développement du processus d'apprentissage. Je me rends compte à quel point cela peut faciliter le fonctionnement de l'équipe, notamment en ce qui a trait aux tâches à accomplir. La responsabilisation des élèves et l'importance qu'ils acquièrent pour les autres, en matière d'apport personnel, s'en trouvent augmentées, car chacun est appelé dès le départ à jouer un rôle vraiment actif.

Vous avez réfléchi aux objectifs de votre enseignement, au-delà de ce qui est inscrit dans le programme d'études. Vous avez compris l'importance des valeurs de la coopération, notamment du droit à l'erreur, et vous vous êtes promis d'y adhérer. Vous voudriez maintenant structurer votre enseignement de façon à ce que de petits groupes d'élèves puissent travailler sur certaines parties du contenu du cours. Pour ce faire, vous devez tenir compte des six composantes de l'apprentissage coopératif (voir figure 1.2). Grâce à ces facteurs, vous pourrez « structurer » le succès de vos élèves.

Le développement de l'esprit de classe et de l'esprit d'équipe

Deux, trois, quatre personnes ou plus qui travaillent ensemble coopèrent... en principe. Quand on parle de coopération, on présume qu'il y a beaucoup plus que la seule bonne entente entre quelques personnes. Coopérer signifie travailler ensemble en vue d'accomplir une tâche précise. Il ne suffit pas de rassembler en un même lieu différents individus habitués à se faire concurrence les uns les autres ou à travailler seuls pour obtenir une équipe efficace. En apprentissage coopératif, la responsabilité partagée, les habiletés en communication, les aptitudes interpersonnelles et un consensus sur des objectifs communs constituent des facteurs importants. Le développement de l'esprit de classe et celui de l'esprit d'équipe sont deux éléments d'un processus qui permet la mise sur pied de l'équipe de personnes capables de bien travailler ensemble en vue d'atteindre certains buts et objectifs communs et d'y prendre plaisir. Ce processus peut consister en des activités amusantes qui allègent la tension, mais aussi en des exercices étroitement liés au domaine dans lequel le groupe devra travailler. Il aide les individus à mieux connaître l'expérience antérieure et les connaissances des autres membres de l'équipe, et à découvrir chez chacun les habiletés qui peuvent contribuer à l'exécution de la tâche commune.

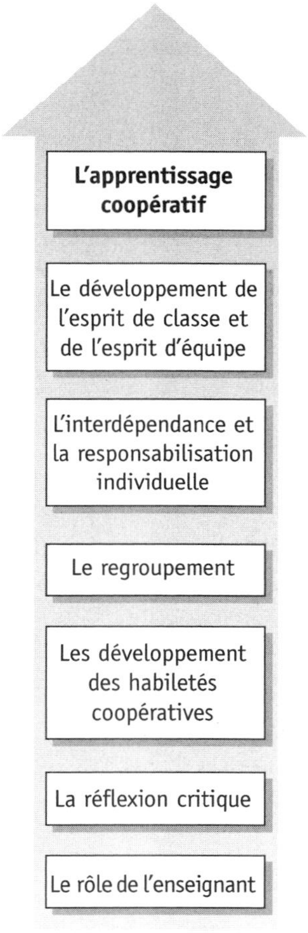

Le développement de l'esprit de classe

L'esprit de classe se développe à l'aide d'activités qui favorisent l'établissement d'un climat propice à l'apprentissage et, plus précisément, à l'apprentissage coopératif. La première étape de ce processus consiste à rendre les valeurs de la coopération très présentes en classe, soit en les affichant, soit par leur modélisation dans le comportement de l'enseignant à l'égard de ses élèves. Au début de la session, il faut laisser un certain temps aux élèves pour qu'ils brisent la glace entre eux ; des moyens existent pour favoriser un contact plus étroit entre les élèves. Ainsi, plusieurs enseignants utilisent une activité inspirée de la structure « trouve quelqu'un qui ... » (voir page 100). Des structures comme « en file » (voir page 92) et « coins » (voir page 99) constituent d'autres moyens de stimuler le développement de l'esprit de classe.

Même si un climat de coopération est établi, on ne peut présumer qu'il se maintiendra durant toute la session. La modification des équipes encourage l'ouverture aux autres et constitue un autre moyen de faciliter le développement de l'esprit de classe. On peut aussi signaler verbalement les comportements positifs des élèves et témoigner de sa satisfaction ouvertement. Il n'est toutefois pas facile d'établir ce type de climat affectif favorable à l'apprentissage. Il est donc important de reconnaître le rôle de la sécurité émotive dans l'apprentissage et de structurer votre enseignement de façon à ce que vous comme vos élèves puissiez faire l'expérience d'une atmosphère harmonieuse en classe.

Le développement de l'esprit d'équipe

L'esprit d'équipe s'acquiert par des activités favorisant la confiance et la communication entre les coéquipiers. Après avoir formé des équipes de coopération, que ce soit pour une courte ou pour une longue période de temps, il faut s'assurer que leurs membres sont suffisamment prêts à travailler les uns avec les autres. Plus la

FIGURE 1.2
Les six composantes clés de l'apprentissage coopératif

L'apprentissage coopératif

Le développement de l'esprit de classe et de l'esprit d'équipe

L'interdépendance et la responsabilisation individuelle

Le regroupement

Les développement des habiletés coopératives

La réflexion critique

Le rôle de l'enseignant

tâche qu'ils doivent accomplir est longue et complexe, plus il faut consacrer de temps au développement de l'esprit d'équipe. Les activités en question favorisent l'émergence d'une identité d'équipe et stimulent les coéquipiers à travailler ensemble. Certains enseignants utilisent des exercices destinés à développer l'esprit d'équipe comme activités de « réchauffement » avant l'apprentissage en groupe et comme simulations pour présenter la méthode de coopération qui servira à l'apprentissage de la matière au programme. D'autres utilisent ce type d'activités pour enseigner des habiletés de communication et de partage, pour repérer et corriger les problèmes qui peuvent se poser à l'intérieur des équipes au cours de l'apprentissage en coopération ou pour aider les élèves à se fixer des objectifs d'équipe en matière d'apprentissage.

Il arrive souvent, au départ, que les enseignants considèrent ce type d'activités comme une perte de temps ; ils croient que ce temps devrait plutôt être consacré à l'enseignement de la matière. Toutefois, au cours de leurs premières expériences, ils s'aperçoivent que le climat de coopération influence positivement l'apprentissage et ils décident d'accorder plus de temps aux activités de développement de l'esprit d'équipe. Les activités de ce type peuvent être inspirées de structures telles que « jeu de dé » (voir page 90), « entrevue en trois étapes » (voir page 98) et « l'unité dans la diversité » (voir page 105).

Quand faut-il s'occuper du développement de l'esprit d'équipe ? Il faut s'occuper du développement de l'esprit d'équipe chaque fois qu'on s'apprête à former de nouveaux groupes qui existeront pour une longue période (voir « Le regroupement », page 15) et avant d'assigner à ces équipes une tâche scolaire. Par exemple, dans le cas de la formation d'équipes informelles ou d'équipes d'experts dont les membres ne sont pas encore à l'aise les uns avec les autres, on peut simplement demander à chacun de se présenter et de faire part aux autres de quelque chose qui les concerne, de leur perception du cours, d'un problème, d'une réussite ou d'un objectif d'apprentissage.

L'interdépendance et la responsabilisation individuelle

J'ai expliqué le principe d'interdépendance aux élèves en insistant sur le fait qu'ils se doivent de travailler ensemble pour mieux apprendre et qu'ils doivent unir leurs efforts en fonction d'un but commun. Je crois que le message a été bien compris, même si c'était la première fois qu'ils entendaient ce langage.

L'interdépendance

L'interdépendance est la pierre angulaire de l'apprentissage coopératif. Autrement dit, il n'y a apprentissage coopératif que si les élèves travaillent ensemble dans le but d'apprendre, que s'ils s'encouragent en vue d'atteindre les objectifs communs établis par leur enseignant ou qu'ils se sont eux-mêmes fixés. L'interdépendance met en évidence leur responsabilité mutuelle dans ce processus. Durant la conception d'une tâche coopérative, on peut s'assurer que le travail accompli sera plus que la simple somme des efforts individuels en utilisant différentes façons de favoriser l'interdépendance. On compte généralement sept moyens d'assurer l'interdépendance : les objectifs, les récompenses, les ressources, les tâches, les rôles, les forces extérieures et l'environnement de travail.

Voici l'exemple d'une activité adressée à des élèves en sciences politiques. La structure de l'énoncé tient compte de l'interdépendance : quels moyens de l'assurer y décèle-t-on ?

Exemple

Thème :	Le droit de vote à 16 ans
Objectif :	L'élève doit comprendre le thème et présenter des arguments en sa faveur ou en sa défaveur.
Tâche de l'équipe :	Effectuer une séance de remue-méninges pour trouver des arguments, les classer logiquement et en tirer une conclusion (prise de position).

L'interdépendance liée aux objectifs   On trouve cet aspect de l'interdépendance dans toutes les activités coopératives. Il faut préciser aux membres de l'équipe qu'ils ont un objectif commun tel que la production d'un modèle, d'un compte rendu, d'un projet, d'une présentation en classe ou d'un rapport. L'objectif peut aussi être l'assimilation d'un contenu qui pourrait faire l'objet d'une évaluation dans un examen individuel. Tous les membres de l'équipe doivent comprendre cet aspect de l'interdépendance. Un des moyens de vérifier si les élèves travaillent à atteindre un but scolaire commun est de leur donner le choix des sujets à étudier. Lorsque l'intérêt individuel des élèves est très faible, malgré le fait qu'ils ont eux-mêmes choisi leur sujet, il peut se révéler nécessaire de recourir à des récompenses (voir section ci-dessous) pour intensifier l'interdépendance. En exprimant clairement l'objectif visé par l'enseignant et le but poursuivi par l'équipe, il est possible d'amener le groupe à développer une certaine cohésion. Toutes les autres facettes de l'interdépendance renforcent la perception que les membres d'une équipe ont de leur objectif commun.

Exemple

Interdépendance liée aux objectifs :
Les membres de votre groupe doivent travailler ensemble à répertorier le plus grand nombre d'arguments possible favorables et défavorables à cette proposition en vue de participer à un débat.

L'interdépendance liée aux récompenses   À certains moments, il est possible d'encourager une plus grande cohésion dans une équipe en accordant la même reconnaissance à chacun des membres de l'équipe pour l'accomplissement d'un travail collectif. La récompense coopérative ne peut cependant être remise à tous les membres que si chacun a contribué individuellement à la production de l'équipe. Les récompenses peuvent être de plusieurs natures : félicitations, permission spéciale, cadeau (par exemple, abonnement à une revue scientifique pour l'équipe qui se distingue), etc.

Sans que cela soit une nécessité, il est possible de tenir compte des récompenses dans les processus d'évaluation. En général, on commence par des félicitations adressées à des équipes qui se distinguent par leur travail. Par exemple, avant une activité, une enseignante en mathématiques annonce qu'elle observera et notera si, dans les équipes, les élèves travaillent en coopération et s'il y a vraiment une forte interdépendance. Durant les 30 minutes que dure l'activité, l'enseignante se promène dans la classe et s'arrête pour féliciter les équipes où se manifeste une interdépendance évidente.

Tous s'entendent sur le fait qu'il vaut mieux que la motivation des élèves à apprendre (et à apprendre de façon coopérative) ne tienne pas à des facteurs extrinsèques. Toutefois, dans certaines situations, en particulier en début de session, les enseignants reconnaissent l'utilité d'attribuer des points pour consolider l'interdépendance. On peut attribuer entre un et cinq points à tous les membres d'une équipe pour une tâche accomplie dans un climat d'égalité. Ces points peuvent être directement comptabilisés dans le relevé de notes ou encore être accumulés puis échangés contre des récompenses convoitées (points bonis [voir page 81], congé de devoir, etc.). L'utilisation de récompenses n'est généralement pas nécessaire lorsque l'intérêt des élèves est déjà très élevé. En outre, les différentes formes de récompenses ne parviennent pas nécessairement à renforcer l'intérêt de tous les élèves. Pour être efficaces, elles doivent constituer de puissantes incitations à l'apprentissage.

Exemple

Interdépendance liée aux récompenses :

« Pendant que vous travailliez, j'ai remarqué que quatre des cinq équipes se sont pleinement consacrées à leur tâche durant tout le temps de l'activité. Je les en félicite. »

L'interdépendance liée aux ressources   Les membres de l'équipe doivent parfois partager du matériel (par exemple, de l'équipement de laboratoire) pour accomplir une tâche scolaire donnée. Pour favoriser une saine interdépendance, on peut répartir les ressources disponibles de manière à éviter qu'un individu soit le seul à effectuer l'ensemble de la tâche d'apprentissage. Toutefois, un manque de ressources peut entraîner chez les élèves une compétition pour leur utilisation. Il faut donc enseigner des habiletés de coopération aux élèves et leur fournir suffisamment de matériel pour que, si tous s'en servent à tour de rôle, l'équipe puisse atteindre son but. Les ressources devant être partagées peuvent être, par exemple, un dictionnaire ou un atlas, une feuille de texte à lire, un jeu d'instruments de mesure, un ordinateur, etc.

Il est possible de concevoir une activité coopérative qui n'exige aucun partage de ressources entre les coéquipiers. Toutefois, les élèves ont alors parfois tendance à se retirer de l'équipe. Pour cette raison, l'interdépendance liée aux ressources est très fréquemment utilisée.

Par ailleurs, il faut prêter une attention particulière au partage de textes à lire et s'assurer qu'ils sont en nombre suffisant. Dans les équipes de trois ou quatre personnes, on peut, par exemple, fournir deux exemplaires d'un même texte. Les élèves doués d'une intelligence dite visuelle (voir « les intelligences multiples », page 43) seraient ainsi aussi avantagés que les autres puisqu'ils auraient accès au matériel imprimé.

Exemple

Interdépendance liée aux ressources :

« Votre équipe se partagera des textes traitant du droit de vote à 16 ans »

L'interdépendance liée aux tâches   Différentes activités de coopération permettent de répartir les tâches de manière à ce que chaque membre de l'équipe soit chargé d'accomplir une partie distincte du travail. Dans certaines activités, des membres de l'équipe ont pour tâche d'enseigner ce qu'ils ont appris à leurs coéquipiers (voir « casse-tête d'expertise », page 106). Dans d'autres, les élèves mettent en commun les résultats de leurs recherches individuelles pour élaborer une présentation d'équipe. Il est aussi possible de concevoir le travail à effectuer de manière à ce qu'il soit exécuté en plusieurs étapes distinctes (par exemple, lecture, conception d'une expérience, observation, analyse, discussion, etc.). On peut même préciser quels seront les membres de l'équipe qui auront la responsabilité de chacune des étapes nécessaires à l'accomplissement de l'ensemble du travail. S'agira-t-il de tous les membres de l'équipe, de quelques-uns d'entre eux ou d'un seul ?

Lorsque les élèves ont pleinement conscience qu'ils partagent une destinée commune – un sentiment d'interdépendance qui, incidemment, est l'équivalent de la solidarité –, ils peuvent déterminer eux-mêmes les étapes de leur travail et répartir les responsabilités entre eux. En fait, les équipes qui fonctionnent bien réclameront souvent plus de liberté dans l'organisation de leur tâche ; on ne devrait pas hésiter à la leur accorder.

Exemple

Le tableau 1.2 propose le plan de travail traitant du droit de vote à 16 ans.

TABLEAU 1.2
PLAN DE TRAVAIL ILLUSTRANT UNE INTERDÉPENDANCE LIÉE AUX TÂCHES

Étape	Interdépendance liée aux tâches
1. Lecture	Tous les coéquipiers : Prendre connaissance des documents
2. Séance de remue-méninges	Tous les coéquipiers : • Trouver des arguments *pour* et *contre* • Choisir sa perspective
3. Constitution d'équipes d'intérêt (des membres de différentes équipes de départ constituent des groupes d'intérêt pour former des « spécialistes » du *pour* ou du *contre*)	• Mettre en commun les arguments selon la perspective choisie • Se préparer au débat • Chacun est responsable pour sa partie du travail. Il est aussi responsable pour l'ensemble.
4. Débat à l'intérieur de l'équipe de départ	Discussion en groupe sur les divers arguments
5. Prise de position (vote)	Vote de l'ensemble des élèves de la classe

Dans cet exemple, la division du travail traduit une interdépendance liée aux tâches. Les élèves quittent leur équipe respective pour accomplir une tâche avec des « spécialistes » d'autres équipes. Naturellement, dans d'autres activités, ils peuvent effectuer leur tâche tout en restant au sein de leur propre équipe.

Dans le présent cas, ils pourraient, par exemple, préparer des arguments chacun de leur côté, puis les soumettre à leurs camarades. De même, dans un laboratoire, des duos d'élèves peuvent se faire part d'observations particulières recueillies lors d'une expérience et en discuter.

L'interdépendance liée aux rôles Dans une équipe coopérative, on peut bien sûr diviser le travail en tâches à accomplir, mais on peut aussi s'assurer que chaque membre se comporte d'une manière bien précise, de façon à favoriser la réalisation des tâches. On assigne donc aux membres de l'équipe différents rôles dans l'intention d'assurer le fonctionnement efficace de l'équipe. Il peut s'agir de rôles scolaires (par exemple, secrétaire), qui permettent de s'assurer que le travail sera effectué, ou de rôles sociaux (par exemple, d'encouragement), qui ont pour objectif de faciliter le bon fonctionnement de l'équipe. Le tableau 1.3 reprend l'exemple précédent et montre les différents rôles assignés aux coéquipiers. Rappelons que l'attribution des rôles peut être faite par l'enseignant ou encore par les élèves eux-mêmes.

TABLEAU 1.3
PLAN DE TRAVAIL ILLUSTRANT UNE INTERDÉPENDANCE LIÉE AUX RÔLES

Étape (tâche)	Interdépendance liée aux rôles
1. Lecture	Un lecteur
2. Séance de remue-méninges	Un secrétaire
3. Constitution d'équipes d'intérêt	Un animateur, un secrétaire
4. Débat à l'intérieur de l'équipe de départ	Un médiateur, un analyste
5. Prise de position (vote)	Un sondeur, un compilateur

Attention : il n'est pas facile pour les élèves de s'engager dans un processus d'apprentissage et, en même temps, de jouer un rôle dans leur équipe. Il vaut mieux procéder à la distribution des rôles à ce stade de leur évolution où ils auront acquis suffisamment d'expérience en apprentissage coopératif pour pouvoir assumer cette double tâche. Naturellement, certains rôles « utilitaires » sont relativement faciles à assumer, comme ceux de responsable du matériel, de responsable du temps ou de secrétaire. D'autres rôles ne pourront être confiés aux élèves que lorsqu'ils seront prêts à s'en charger.

Par ailleurs, comme dans tous les aspects de la coopération, on ne peut présumer que les élèves sauront comment jouer certains rôles. Même un rôle simple, comme celui de secrétaire, doit leur être enseigné. Quelles sont les responsabilités attachées à ce rôle? S'agit-il simplement de résumer des propos ou faut-il s'assurer que toutes les suggestions sont inscrites, et donc demander des éclaircissements et reformuler des énoncés? Tous les élèves se sentiront-ils suffisamment à l'aise pour interrompre la discussion et poser des questions à d'autres élèves, notamment à ceux qui semblent avoir un statut plus important au sein de l'équipe?

Il existe certaines règles en matière d'enseignement des rôles. Premièrement, il faut définir avec l'ensemble de la classe les responsabilités et les tâches inhérentes à chacun des rôles. Pour ce faire, on peut demander à chacune des équipes de s'intéresser à un seul rôle, puis, en plénière, on note les commentaires des élèves sur une affiche ou au tableau. Deuxièmement, il est important de suggérer aux élèves de s'évaluer après une activité (voir « La réflexion critique », page 28) relativement à la façon dont le rôle a été rempli et en fonction de la réaction de l'équipe au regard de ce rôle. Troisièmement, il peut être intéressant de commencer une activité en permettant aux élèves de se proposer eux-mêmes pour remplir certains rôles, puis d'effectuer une rotation en confiant ces rôles à d'autres membres de l'équipe au cours de l'activité suivante. De cette façon, ceux qui ne sont pas familiers avec un rôle pourront prendre pour modèles les comportements de leurs camarades qui s'y sentent plus à l'aise. Le tableau 1.4 présente quelques exemples de rôles et leur description (voir aussi annexe 2, page 145). Il est possible de créer d'autres rôles selon les besoins de la situation.

TABLEAU 1.4
EXEMPLES DE RÔLES AU SEIN DE L'ÉQUIPE

Rôle	Description
Responsable du matériel	• porter attention aux consignes données • distribuer le matériel aux membres de l'équipe • manipuler soigneusement le matériel • classer et ranger le matériel
Responsable du consensus	• se concentrer • reformuler et faire la synthèse • encourager les autres • poser des questions en vue d'obtenir un consensus
Porte-parole	• questionner pour comprendre • avoir un souci de synthèse et de clarté • rapporter fidèlement les propos • communiquer clairement
Secrétaire	• questionner • prendre des notes soignées • avoir un souci de clarté et de précision • photocopier les documents
Animateur	• écouter activement • porter attention à tous les membres • attribuer le droit de parole équitablement • encourager tous les coéquipiers • reformuler • respecter le temps alloué

L'interdépendance liée aux forces extérieures Lorsque l'efficacité d'une équipe est menacée par une force extérieure, ses membres font un effort commun pour surmonter cet obstacle. Il existe deux façons de créer cette interdépendance : en tenant compte du temps alloué et de la compétition entre les équipes.

Le facteur temps est présent dans presque toutes les activités coopératives. L'enseignant doit être en mesure d'évaluer la somme de temps à consacrer à une activité. Il communique ensuite la durée approximative de l'activité aux élèves avant que ces derniers ne l'entreprennent. Rien n'est plus stimulant qu'un message sur le rétroprojecteur annonçant qu'il reste seulement deux minutes! Naturellement, en observant les équipes au travail, vous constaterez s'ils sont en mesure de compléter la tâche prévue dans la période de temps allouée.

De prime abord, on constate que certaines stratégies d'apprentissage coopératif comportent une combinaison de coopération et d'interdépendance au sein de chaque équipe, d'une part, et de compétition ou d'interdépendance négative entre les équipes, d'autre part. Cette interdépendance au regard des forces extérieures peut augmenter la cohésion de certaines équipes. Toutefois, certains enseignants se sentent mal à l'aise à l'idée d'encourager un sentiment de compétition dans leur classe. En demandant : « Quelles équipes peuvent énumérer le plus grand nombre de conséquences provoquées par l'effet de serre ? », l'enseignant s'attend à ce que les élèves travaillent plus fort, mais il obtiendra inévitablement des commentaires comme « Nous avons gagné ! ». Il peut alors surprendre ses élèves en leur répondant : « C'est vrai que tout le monde a pu dresser une liste de deux ou trois conséquences mais, en tant que classe, nous avons réussi à en trouver 15. Voilà un très bon exemple de la force de coopération dans une tâche scolaire ! »

C'est avec réticence que nous avons recours à la compétition en classe. Nous aurions plutôt tendance à transformer la compétition en coopération dans les dernières étapes d'une activité.

L'interdépendance liée à l'environnement de travail L'apprentissage ne se fait pas toujours en équipe. Dès lors, comment disposer les tables de travail dans la classe pour faciliter la transition entre l'enseignement en groupe-classe et la coopération et, par la même occasion, favoriser l'interdépendance ? L'environnement peut en effet être propice ou défavorable à l'efficacité de l'équipe. Qu'il s'agisse d'un coin de la classe ou de quatre chaises autour d'une table, l'environnement physique entrave parfois la coopération malgré la présence d'autres types d'interdépendance. Il faut en tenir compte.

Lorsque nous commençons à utiliser la pédagogie coopérative, nous proposons d'abord de courtes activités en équipes informelles (voir « Le regroupement », page 15). Sans qu'il soit nécessaire de changer quoi que ce soit, nous invitons les élèves, aux moments appropriés, à se tourner vers leur voisin. Après la formation d'équipes permanentes, il est cependant préférable de choisir certaines tables qui serviront de point de ralliement à l'équipe et, aux moments voulus, les membres n'auront qu'à déplacer leur chaise.

La responsabilisation individuelle

L'interdépendance met en évidence l'importance de la cohésion dans une équipe et celle des valeurs de la coopération comme l'entraide, l'engagement et la solidarité. Le concept de responsabilité personnelle envers l'équipe et envers soi-même constitue un complément à la notion d'interdépendance. En pédagogie coopérative, on parle de responsabilisation individuelle.

En classe, faut-il insister sur la responsabilisation de chacun ? Tout dépend du niveau d'engagement des élèves. Lorsque ces derniers maîtrisent sensiblement les mêmes habiletés et qu'ils manifestent un réel désir d'apprendre, il n'est pas nécessaire de se préoccuper beaucoup d'assurer la responsabilisation individuelle. Toutefois, lorsque la motivation n'est pas la même chez tous, il faut créer un mécanisme quelconque pour s'assurer que chaque élève soit encouragé à faire sa part en utilisant tout son potentiel. Autrement, on obtiendra probablement des résultats négatifs. Par exemple, certains élèves manifestement peu scrupuleux s'en remettront à un pair qui effectuera littéralement tout le travail de l'équipe. Celui qui travaille finira par s'indigner du fait qu'on se sert de lui et refusera bientôt de coopérer.

Pour favoriser la coopération, nous vous suggérons d'appliquer les méthodes suivantes, qui visent à développer le sens de la responsabilisation individuelle.

Comment favoriser le développement de la responsabilisation individuelle ?

D'abord, il faut savoir que la compréhension du concept de la responsabilisation individuelle évolue avec le temps. L'élève développe son sens des responsabilités en matière d'apprentissage grâce à différents moyens, comme le fait d'être observé par son enseignant, l'utilisation efficace des rôles, le choix au hasard d'un travail parmi

Attention ! Il faut une certaine prudence lorsqu'on essaie de parvenir à la responsabilisation des élèves en utilisant les notes collectives !

les travaux des membres d'une équipe et l'intériorisation des objectifs de coopération. À mesure qu'ils participent à des activités dans lesquelles ils ont une responsabilité, les élèves se rendent peu à peu compte de l'importance de responsabilité et en font une partie intégrante de leurs habitudes d'apprentissage.

En outre, il est possible de développer la responsabilisation individuelle de différentes manières. Par exemple, en évaluation formative, on peut attribuer la note finale d'une équipe en calculant la moyenne des notes individuelles des coéquipiers pour un devoir, un test ou un jeu questionnaire. L'utilisation de ces notes individuelles fait en sorte que tous les élèves, peu importe leur habileté ou leur expérience antérieure, se sentent responsables du rendement de l'équipe, puisque la note peut dépendre, à un moment donné, de leur propre résultat.

On peut aussi demander aux élèves de réfléchir sur leur propre performance et sur celle de leurs coéquipiers. Le fait de savoir que leur contribution individuelle sera jugée par d'autres encourage certains élèves à travailler de façon coopérative (voir « La réflexion critique », page 28).

Enfin, les membres d'une équipe peuvent, avant une activité, rédiger un contrat d'apprentissage qui les lie les uns aux autres. Dans ce contrat, chaque membre accepte d'effectuer une partie du travail et précise les comportements qu'il adoptera pour y arriver (voir annexe 3, page 146).

On remarque que, par certains aspects, la responsabilisation individuelle ressemble à l'interdépendance. En fait, l'une ne va pas sans l'autre. Toutefois, vous pourrez insister sur les responsabilités de chaque élève si vous croyez que certains apprenants ne sont pas aussi productifs qu'ils pourraient l'être.

Le regroupement

Lorsqu'un enseignant s'apprête à former une équipe coopérative, plusieurs questions lui viennent en tête : « Combien d'élèves devrait-il y avoir dans une équipe ? » ; « Qui devrait décider de la composition des équipes et de leur durée de vie ? » Les réponses à ces questions auront une grande influence sur l'atteinte des objectifs pédagogiques de l'activité. Si vous désirez adopter une démarche coopérative, vous devez y être sensibles, comme vous devez l'être aux aspects relatifs à la productivité des équipes et à la créativité individuelle. Plusieurs éléments doivent donc être pris en considération lors du regroupement des élèves, notamment la taille de l'équipe, le statut des élèves qui la composent et l'assignation à une équipe.

La taille de l'équipe

Les équipes d'apprentissage coopératif comptent généralement de deux à quatre membres, sauf lorsqu'ils se combinent à d'autres équipes pendant de brèves périodes de temps (voir «Les équipes associées», page 22). Les enseignants et les élèves qui n'ont aucune expérience de l'apprentissage coopératif commencent habituellement par des équipes de deux personnes et progressent peu à peu vers des équipes de quatre. Plus il y a de membres dans une équipe, plus la communication devient complexe et plus il est important que chaque membre possède les aptitudes interpersonnelles appropriées. Toutefois, il faut noter que, selon la difficulté de la tâche et sa durée, il est possible de prévoir des activités en équipes de six ou de huit personnes. Ces activités consistent le plus souvent en de courtes présentations qui sont faites devant des sous-groupes et qui ne requièrent pas de discussions.

Le statut des élèves

Tous les élèves ne sont pas égaux. Aussitôt qu'on les entend discuter de la matière du cours, on devine leurs connaissances antérieures, leur expérience, leur maturité et leur niveau de motivation. Toutefois, il ne s'agit pas des seuls facteurs qui contribuent à l'inégalité dans la classe. Lorsqu'ils doivent travailler en équipes, les élèves sont influencés par des questions de statut (même s'ils n'en sont pas pleinement conscients). Vous devez donc tenir compte du statut dont peuvent jouir certains élèves de la classe, car le statut a un effet sur le niveau de participation observé et le leadership dans une équipe.

De plus, le statut a un effet sur la perception que les élèves ont de leurs camarades et sur la perception qu'ils ont d'eux-mêmes, laquelle est étroitement reliée à leur rendement (Cohen, 1994)[2].

Dans une classe, on dénombre trois types de statuts : celui lié à l'expertise, celui lié à la popularité et celui lié à la situation socioéconomique.

Le statut lié à l'expertise   Un individu possédant de grandes habiletés dans une matière donnée se voit souvent attribuer le statut de spécialiste. On sait pertinemment qu'une bonne partie de ces compétences s'étendent à des sujets connexes. Par exemple, les élèves qui présentent de bonne aptitudes en communication dans leur langue maternelle ont souvent d'excellentes notes en sciences humaines simplement parce qu'ils ont une bonne compréhension de ce qu'ils lisent, une facilité à communiquer verbalement ainsi que des connaissances générales plus étendues que celles des autres grâce à leurs nombreuses lectures. De même, les élèves doués en mathématiques utilisent leurs habiletés en chimie, en physique, en informatique et dans d'autres domaines connexes.

L'avantage des élèves pourvus du statut d'expert est qu'ils peuvent fournir les habiletés nécessaires à l'achèvement d'un travail d'équipe. Il ne faudrait toutefois pas croire que ces élèves seront en mesure d'aider leurs camarades à

....

2. Pour une analyse plus détaillée de cette relation, nous vous suggérons de consulter l'ouvrage de Elizabeth COHEN, 1994, *Le travail de groupe : stratégies d'enseignement pour la classe hétérogène*, Montréal, les Éditions de la Chenelière.

En précisant que l'objectif de l'équipe est de développer la faculté de comprendre de ses membres plutôt que d'accomplir la tâche assignée, vous pouvez parvenir à un résultat satisfaisant.

apprendre. Tout le monde n'a pas le talent ou la volonté d'enseigner aux autres. Ces élèves peuvent avoir tendance à prendre en main la tâche de l'équipe et ceux qui, parmi leurs coéquipiers, sont moins doués accepteront automatiquement toutes les réponses provenant de ces soi-disant experts.

Pour remédier à ce problème, vous pouvez indiquer, de façon générale, les types de comportements que vous aimeriez voir adoptés par les élèves plus doués : poser des questions, sonder l'opinion des autres et rechercher un niveau élevé de connaissances plutôt que de simples réponses.

Le statut lié à la popularité Personnalité avenante, charme physique, prouesse sportive, distinction particulière... voilà autant de facteurs qui peuvent hausser la popularité d'un individu. Dans les équipes formées d'adolescents (mais non exclusivement dans ces équipes), la popularité est un déterminant important du statut. Les élèves qui jouissent d'un statut particulier grâce à leur popularité sont choisis comme membres d'une équipe non pour leur efficacité mais pour leur réputation. Il arrive qu'ils dominent l'équipe en raison de leur statut et qu'ils empêchent les autres d'apprendre efficacement.

Le statut lié à la situation socioéconomique Certains élèves jouissent d'un statut particulier conféré par une situation socioéconomique enviable. Ce statut est un reflet de celui que les familles de ces élèves possèdent dans la société. Le revenu et le niveau d'éducation de ces familles sont perceptibles par différents signes tels que l'accès aux nouvelles technologies, les expériences de voyage, les connaissances générales, l'élégance, les moyens de transport, etc. Sans être nécessairement doués, motivés ou persévérants, ces élèves ont parfois une plus grande influence que les autres sur leur équipe et nuisent à la participation de leurs coéquipiers.

Par ailleurs, les élèves dont le statut socioéconomique est peu élevé ont tendance à se montrer silencieux et inactifs, et ce, même s'ils sont doués. Ils ne posent pas de questions et peuvent même être exclus de leur équipe par les autres membres.

L'assignation à une équipe

Plusieurs enseignants, lorsqu'ils ont recours à la méthode du travail en équipes non structurées, donnent carte blanche aux élèves quant à la formation des équipes. Certains élèves ayant des affinités en profitent alors pour former une équipe étroitement unie. Cette équipe reste soudée semaine après semaine et, parfois, se reforme même dans d'autres cours. En pareil cas, l'enseignant ne pourrait se présenter en classe en annonçant à ses élèves qu'aujourd'hui ils se regrouperont en équipes de quatre personnes qu'il formera lui-même. Les protestations et pressions de la part des élèves seraient vives. Pourtant, cette situation où l'enseignant n'aurait plus aucune maîtrise sur la formation des équipes est tout à fait inacceptable et peut entraîner de nombreux problèmes. En voici quelques-uns :

- Les élèves s'associent spontanément à des camarades qui ont le même statut qu'eux en classe et les mêmes habiletés (voir ci-dessus).
- Les élèves se regroupent également selon des facteurs comme l'appartenance culturelle ou religieuse et, plus particulièrement, le sexe, à la

recherche d'une sécurité fondée sur le principe, faux, que ressemblance et acceptation vont de pair.

- Si les élèves se regroupent par eux-mêmes, certains individus seront mis de côté et leur estime de soi de même que leur productivité en souffriront. Une telle situation a un effet négatif sur le climat général d'apprentissage.
- En acceptant ce genre de regroupement, l'enseignant envoie le message implicite suivant : « J'enseigne ma matière sans me préoccuper des valeurs d'égalité, d'ouverture aux autres, d'empathie et de diversité. »
- Plus les élèves restent longtemps dans ce genre d'équipes, plus il est difficile par la suite d'effectuer des regroupements basés sur l'hétérogénéité.

Voilà pourquoi il est important de se soucier de la manière de former des équipes d'apprentissage.

Dans certains cas, les élèves peuvent choisir eux-mêmes leur équipe selon leur champ d'intérêt. Mais ils peuvent aussi être groupés au hasard ou placés volontairement dans une équipe hétérogène par l'enseignant, qui tient alors compte de différents facteurs dont les habiletés et le statut.

Au départ, il est naturel que les élèves préfèrent faire partie d'une équipe de personnes qu'ils connaissent et qui, sur le plan scolaire ou sur tout autre plan, leur ressemblent. Aussi faut-il prendre le temps de leur expliquer les valeurs de la coopération, qui constituent également la base du fonctionnement d'une société démocratique. Ces valeurs, essentielles à de vraies interactions coopératives, sont fondées sur l'hétérogénéité. Il est important que les élèves soient en relation avec une grande diversité de personnes – leurs pairs –, puisque cette relation leur permet de développer une ouverture aux autres, d'accepter l'idée de l'égalité entre tous les élèves et aussi de parvenir à une certaine largeur d'esprit. Ils seront ainsi amenés à abandonner leurs préjugés et à élargir leurs horizons. Le fait de fréquenter des gens différents d'eux leur fournit l'occasion d'acquérir des habiletés sociales constructives tout en apprenant leur matière. De plus, au sein de leurs équipes d'apprentissage hétérogènes, les élèves les plus compétents peuvent jouer le rôle d'instructeur et mieux connaître une matière en l'enseignant. Pendant ce temps, les élèves moins doués sont à même d'observer les stratégies d'apprentissage utilisées par leurs camarades plus compétents et de se les approprier.

Une situation dans laquelle les caractéristiques des membres des différentes équipes varient mais où les équipes, dans l'ensemble, sont égales offre un autre avantage : en effet, les équipes se rendent rapidement compte que l'effort (et non l'aptitude) est la clé du succès en apprentissage coopératif. Lorsque cette constatation va de pair avec la responsabilisation de chaque membre relativement au succès de l'équipe, tous en viennent à comprendre que, pour réussir, il faut travailler fort. Par conséquent, les élèves les plus doués ne peuvent pas espérer s'en tirer en travaillant le moins possible et les moins doués ne sont plus frappés du découragement que suscite habituellement la crainte de l'échec.

Lorsque vous préparez des activités de courte durée, vous pouvez vous servir de facteurs tels que la proximité (dans la répartition des places) ou le hasard. Pour former des équipes de base qui existeront durant une longue période (voir page 20), vous devez considérer divers facteurs comme le statut des élèves et leurs réalisations antérieures.

IMPORTANT
L'effort
(et non l'aptitude)
est la clé
du succès
en apprentissage
coopératif.

Nous vous recommandons pourtant fortement d'inclure les équipes de base dans votre préparation de cours, si possible, lorsque vous sentez que vos élèves sont prêts à accepter ce type de regroupement.

Nous présentons ici quatre types d'équipes ; ils pourront vous servir de modèles. L'ordre dans lequel ces types de regroupement sont décrits constitue également une recommandation en ce qui a trait à leur implantation. Nous vous suggérons en effet de commencer par des équipes informelles, puis progresser vers des équipes plus complexes dès que vous vous sentez suffisamment à l'aise avec ces modèles et en mesure d'assurer la transition. L'équipe de base, le deuxième type de regroupement présenté ici, n'est pas toujours facile à adapter au contexte de l'enseignement au collégial. Est-il possible de former des équipes d'apprentissage ayant une certaine pérennité et fondées sur une composante affective en 15 semaines ? Oui, mais vous devez cependant assurer le succès de cette démarche en développant d'abord chez vos élèves les valeurs de la coopération décrites dans ce chapitre.

Les équipes informelles Les équipes informelles sont utilisées pour accomplir des tâches de courte durée. Afin d'éviter de laisser le choix des équipes aux élèves et de voir certains d'entre eux être rejetés, les enseignants se servent généralement de facteurs tels que le hasard ou la proximité des tables de travail pour former ces équipes.

La formation des équipes informelles a pour but de fournir instantanément aux élèves une tribune où ils peuvent s'exprimer sur des notions qui viennent d'être présentées. On peut former ces équipes en demandant aux élèves de se tourner vers leurs voisins immédiats ; les membres de ces équipes peuvent ainsi rapidement se consulter. Le principe 10-2 (voir page 86) est facile à appliquer dans les équipes informelles et peut servir en tout temps. Au début du cours, les élèves peuvent utiliser ces équipes pour sonder l'opinion de chacun concernant la matière, évaluer leurs connaissances, poser des questions et stimuler leur intérêt pour un nouveau sujet. À la fin du cours, ils peuvent encore une fois discuter au sein de leur équipe, ce qui leur permet de résumer, de réviser et d'analyser les renseignements recueillis ou de faire une séance de remue-méninges portant sur de nouvelles questions.

Les discussions en petits groupes sont également utiles pendant le cours. Durant la présentation des notions, il est possible de s'interrompre à des moments appropriés pour inviter les équipes informelles à accomplir certaines tâches, comme dresser la liste des trois derniers éléments analysés, clarifier deux questions qui viennent d'être abordées ou déterminer l'idée principale du sujet exposé. Il arrive aussi que les équipes de discussion informelles travaillent tout au long d'un cours. L'enseignant s'adresse alors à l'ensemble des élèves à deux ou trois reprises et leur demande de brefs rapports ou des réponses aux questions posées.

Au sein des équipes informelles, les élèves peuvent clarifier les renseignements reçus et les approfondir. Ils peuvent aussi consulter leurs pairs avant de faire part de leurs idées à toute la classe. Ces discussions permettent souvent de filtrer ou de soutenir des idées qui autrement n'auraient pas fait l'objet d'une discussion en classe. Les équipes informelles procurent aussi aux élèves la liberté de penser à haute voix sans subir la pression d'un vaste auditoire.

Le hasard comme méthode de sélection des membres des équipes est un bon moyen de communiquer aux élèves certaines valeurs de la coopération comme l'ouverture aux autres et la confiance. On peut également recourir à d'autres structures coopératives pour établir des équipes informelles. Par exemple, « l'horloge coopérative » (voir page 102) produit une série de duos ; l'activité

FIGURE 1.3

Les équipes informelles

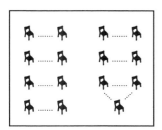

ou

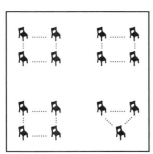

« en file », quant à elle, permet d'obtenir au moins deux types de duos (voir page 92). Ces nouveaux duos peuvent constituer des équipes informelles que l'on peut ultérieurement utiliser. Quel que soit le type de regroupement informel, il est préférable de ne le composer que d'un petit nombre de membres. Les équipes de deux ou de quatre personnes sont très efficaces, surtout parce qu'on peut les réunir ou les subdiviser à volonté, selon les tâches. Lorsque les premières expériences de coopération se font dans ces équipes informelles et portent sur des tâches simples, les élèves développent une certaine confiance en leurs moyens en se rendant compte qu'ils n'ont pas besoin de travailler avec des « amis » pour réussir et être acceptés. Le travail en équipes informelles constitue donc une préparation aux futures expériences en coopération.

Voici des exemples d'activités qui se prêtent fort bien au travail en équipes informelles :

- Remue-méninges : développer des stratégies utiles pour les révisions, développer un lexique anglais des termes relatifs à la télécommunication, déterminer des façons possibles de résoudre un problème, etc.
- Réactions à l'apprentissage : déterminer ce que je ne comprends pas et ce que j'ai bien compris, relever les points importants à retenir, trouver une question à poser à l'enseignant, etc.
- Pratique guidée : faire une entrevue avec un client, procéder à une opération x en dessin technique ou en informatique, simuler l'examen d'un patient, faire des exercices en espagnol, etc.

Les élèves devaient créer un montage à l'aide de divers éléments et d'un petit coffre à outils. Cette activité est considérée comme le deuxième laboratoire du cours de première session et, normalement, les élèves la font individuellement. Dans ma classe, les étudiants sont assis deux par table et il y a deux tables par rangée. De plus, les élèves se sont spontanément installés selon leur appartenance culturelle. Afin de favoriser une approche coopérative, je leur ai demandé de former des duos avec les élèves situés dans la rangée opposée à la leur. Ainsi, j'ai réussi à transformer les équipes de travail et j'ai créé une dynamique complètement différente en permettant aux communautés culturelles de se mêler. Enfin, j'ai demandé aux élèves de n'utiliser qu'un seul coffre à outils par table, ce qui a favorisé les échanges et le travail coopératif. Les élèves plus rapides devaient attendre que les outils soient disponibles. Ils avaient donc tout intérêt à aider leur partenaire !

Les équipes de base   Lorsque vous êtes prêt et que vos élèves le sont aussi, il est recommandé de former des équipes stables en se basant sur un ensemble de critères donnés.

Je compte instaurer très tôt des équipes de base dans la classe pour permettre aux élèves de se fournir mutuellement un meilleur soutien et de mieux partager les connaissances qu'ils ont acquises dans leur apprentissage. La contribution des élèves qui fonctionnent bien sera plus constante.

FIGURE 1.4   **Les équipes de base**

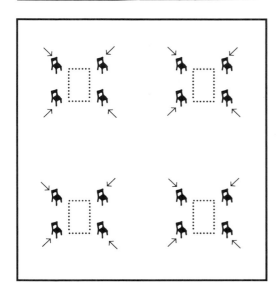

L'objectif principal de l'enseignant qui forme ces équipes de base est de favoriser l'entraide entre les pairs sur le plan de l'apprentissage. Ces équipes de deux, trois ou quatre élèves doivent être soigneusement constituées et conçues de façon à durer longtemps, peut-être tout un semestre. Vous devriez attendre d'avoir fait connaissance avec vos élèves avant de procéder à ce type de regroupement. Vous pourrez ainsi réunir des personnes qui seront en mesure de développer des relations à long terme fondées sur la confiance et d'acquérir les habiletés nécessaires en communication et en négociation.

Voici quelques-uns des critères généralement employés pour choisir les membres d'une équipe : habileté dans un sujet donné (notes antérieures), personnalité (dominante ou effacée), statut dans la classe, sexe et même type d'intelligence (voir « Les intelligences multiples », page 43). En général, un bon nombre de ces critères servent à former des équipes hétérogènes. La sélection des membres d'une équipe devrait être guidée par deux objectifs : l'efficacité et la coopération. Une bonne équipe permet à ses membres de développer des valeurs d'entraide, d'engagement et d'ouverture aux autres de même qu'elle les stimule à se surpasser. Il est préférable d'annoncer aux élèves une semaine ou deux à l'avance le moment où sera dévoilée la composition des équipes de base ; ils pourront ainsi se préparer sur le plan émotif, ce qui devrait prévenir la manifestation de comportements de rejet envers ceux qui ne sont pas populaires. Inutile de préciser que la tâche de déterminer la composition de ces équipes doit préférablement se faire dans l'intimité de votre bureau.

À cause de l'engagement à long terme de leurs membres, les équipes de base constituent le cadre idéal pour acquérir toute une variété d'habiletés interpersonnelles et cognitives. Au cours de cycles de travail collectif, de réflexion et d'établissement de nouveaux objectifs, les élèves se familiarisent les uns avec les autres et unissent leurs efforts pour assurer un fonctionnement efficace de leur équipe respective.

Dès la deuxième activité en équipes de base, j'ai abordé avec les élèves la notion de critique constructive (critiquer les idées et non les personnes). Au premier cours, j'avais mentionné que cette habileté serait développée durant la session. En outre, un de mes collègues aborde la notion d'écoute active dans son cours. J'ai donc rappelé à mes élèves que cette habileté leur était déjà connue, qu'ils l'avaient déjà exercée avec cet autre professeur et qu'elle devait se manifester ici également.

Les équipes de base offrent à tous les élèves des occasions planifiées d'acquérir un sentiment d'appartenance et de développer le respect et le souci d'eux-mêmes et des autres. Les élèves apprennent ainsi à s'entendre avec leurs pairs, à résoudre des conflits et à contribuer au bien-être de leurs camarades tout en développant de nouvelles amitiés.

Même si, après un certain temps, la plus grande partie de l'apprentissage s'effectue à l'intérieur des équipes de base, les élèves devraient néanmoins continuer d'être soumis aux diverses interactions qui ont lieu dans les équipes informelles. Les deux autres types de regroupement peuvent également accroître la variété des expériences d'apprentissage que vous organisez pour vos élèves.

Voici des exemples d'activités propices au travail en équipes de base :
• Résolution des difficultés rencontrées dans un travail de recherche.
• Révision avant les examens.
• Projet de recherche.
• Travail de laboratoire.
• Enquête en équipe (voir page 112).
• Étude de cas (voir page 108).

Les équipes associées   Il y a formation d'équipes associées lorsque les membres de deux ou de plusieurs petites équipes se réunissent pour discuter de leur travail. Ces associations peuvent se faire au hasard ou selon la proximité des équipes. Elles peuvent aussi être fondées sur une perspective ou un intérêt commun. La décision de former ce type d'associations peut être prise par les élèves ou leur être imposée.

La formation de petits groupes associés fournit aux différentes équipes des occasions de s'aider mutuellement à apprendre à l'intérieur d'un processus consultatif. Elle peut aussi servir à l'organisation de brèves présentations, qui sont ainsi faites devant de petits groupes plutôt que devant l'ensemble de la classe.

Les équipes associées peuvent se révéler utiles à n'importe quelle étape de l'exécution d'une tâche. Par exemple, il arrive que des équipes se consultent à l'étape initiale de la planification pour définir un problème, élaborer des questions de recherche, discuter de la marche à suivre pour exécuter le travail, dresser une liste des critères de réussite ou s'interroger sur la forme de présentation à adopter.

Ces équipes se réunissent parfois de nouveau au cours de l'exécution de la tâche pour comparer leur travail, partager leur champ d'expertise ou pour constituer une base de données collective.

Les réunions des équipes associées sont généralement courtes et représentent des sous-tâches à l'intérieur du cadre d'une tâche plus étendue. Elles peuvent durer entre 10 et 30 minutes, selon le but poursuivi. Toutefois, il ne faut pas oublier que l'efficacité d'une équipe est inversement proportionnelle à sa taille. Si les tâches d'une équipe associée sont autres que la présentation de comptes rendus par les différentes unités et si elles ne requièrent aucune discussion, il est possible de réunir plusieurs petits groupes en un seul (qui comptera jusqu'à 12 membres), auquel on accordera environ 30 minutes pour tenir sa réunion. Dans toutes autres circonstances, les réunions doivent être courtes et ne pas compter plus de huit personnes. Pour assurer l'interdépendance dans de tels cas, il faut assigner des rôles aux différentes personnes.

FIGURE 1.5   **Les équipes associées**

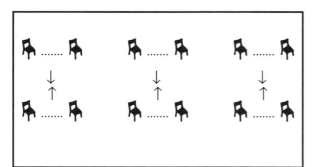

Voici des exemples d'activités pouvant être proposées à une équipe associée :
- Chaque équipe trouve les éléments caractérisant le style de l'écrivain x, l'équipe associée développe ensuite une liste plus complète des caractéristiques.
- Au laboratoire, deux équipes comparent leurs observations ou leurs conclusions à la suite d'une expérience.
- Les membres des duos développent une liste de ce qu'ils connaissent sur le sujet étudié, l'équipe associée compare ensuite les différentes listes.
- Chaque équipe commente le rapport de lecture d'une autre équipe.
- Une équipe associée compare les étapes de la réalisation d'une étude de cas entreprise par deux équipes de base.

Les équipes représentatives Pour constituer une équipe représentative, les différentes équipes de travail de la classe délèguent chacune un membre. Lorsque les élèves ont déjà été répartis en équipes de base, il est possible d'utiliser le regroupement représentatif pour leur faire effectuer différents types de tâches.

La principale utilité des équipes représentatives est de fournir une tribune pour discuter du travail des équipes de base. Cette discussion peut comporter, par exemple, un exposé d'un représentant de chaque équipe, un compte rendu du progrès des travaux accomplis en équipes, la résolution d'un problème ou la coordination des plans de différentes équipes. L'équipe représentative constitue pour toutes les équipes un moyen intéressant et facile de faire connaître leur travail.

Vous pouvez nommer vous-même les représentants ou laisser chaque équipe choisir le sien. Vous pouvez également animer les réunions de l'équipe représentative, mais un élève pourra le faire tout aussi bien.

L'équipe représentative peut aussi se réunir pour jouer le rôle de comité directeur. Dans ce cas, les représentants doivent rendre compte à leur équipe du travail accompli ou des décisions prises par ce comité. Les réunions peuvent avoir lieu en classe, durant le cours, ou à un autre moment. Lors des réunions en classe, les élèves ne faisant pas partie de l'équipe représentative constituent

FIGURE 1.6 **Les équipes représentatives**

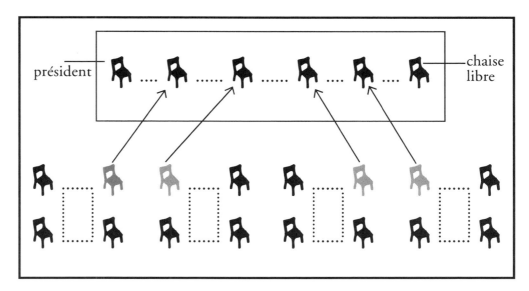

l'auditoire et s'installent face au comité. On place alors une chaise vide entre l'auditoire et le comité, et toute personne de la classe qui veut participer à la discussion peut s'y asseoir ; elle doit cependant céder la place aussitôt qu'elle a exposé son point de vue. Au début, la place vide est rarement occupée. Toutefois, à mesure que les élèves se familiarisent avec cette façon de procéder, la chaise vide ajoute un élément d'animation et de stimulation à la discussion.

Il est possible de recourir à des équipes représentatives à n'importe quelle étape du processus d'apprentissage pour obtenir rapidement des comptes rendus des travaux des équipes de base ou pour tenir des discussions plus approfondies comportant des exposés soigneusement préparés par chaque équipe. Les équipes représentatives peuvent coexister avec les équipes de base et avec les équipes d'experts dans la deuxième étape du casse-tête d'expertise (voir page 106) et constituent un autre moyen efficace d'obtenir des renseignements de chaque équipe.

Voici des exemples d'activités pouvant être destinées à une équipe représentative :

- Présentations de synthèses de lecture.
- Présentations de solutions à différents problèmes.
- Débat.
- Planification d'une randonnée dans le cadre du cours d'éducation physique.

> **I**l me paraît évident que les savoir-être en coopération sont innés et que, par conséquent, il est important de les définir, de les expliquer, de les faire vivre et évaluer par les élèves. Ils constituent en quelque sorte la clé du succès puisqu'ils visent à créer l'harmonie au sein de l'équipe par l'exploitation de valeurs sociales positives liées à une dimension dynamique de l'individu. C'est un préalable essentiel et il faut prendre le temps de s'y consacrer en ne misant pas uniquement sur la dimension scolaire et technique.

Le développement des habiletés coopératives

La société moderne évolue rapidement. Les couples ont de moins en moins d'enfants, ce qui amène une diminution de la quantité d'interactions entre frères et sœurs. Les enfants qui, autrefois, auraient acquis des habiletés en communication, en négociation, en leadership et en coopération à la maison auprès de leurs parents, de leurs grands-parents, de leurs frères et sœurs et d'autres membres de la famille, n'ont plus autant d'occasions de le faire.

La plupart des relations humaines sont de nature coopérative.

À cause de ces changements sociaux, une plus grande part de la responsabilité de l'enseignement des habiletés interpersonnelles incombe aux écoles. Ces habiletés comprennent des aptitudes en communication et des comportements sociaux positifs, comme l'écoute, l'entraide, l'encouragement et la résolution de conflits. Les individus doivent apprendre à maîtriser ces habiletés au cours de leur enfance et de leur jeunesse pour réussir leur apprentissage et pour développer une image positive d'eux-mêmes, et aussi pour apprendre à composer avec la nature fortement coopérative de la plupart des relations humaines.

Les écoles peuvent développer ces habiletés à l'aide de la présentation de modèles, de l'enseignement direct, de leur mise en application et de réflexions sur l'efficacité avec laquelle chacun les utilise. Néanmoins, un grand nombre d'élèves accèdent aux études collégiales sans avoir beaucoup expérimenté ces comportements.

La décision d'enseigner aux élèves des habiletés coopératives est fondée sur plusieurs prémisses:

- Les habiletés coopératives sont importantes.
- Les élèves possèdent généralement des habiletés coopératives limitées.
- Il est possible d'enseigner ces habiletés sans sacrifier le contenu scolaire.
- Cet enseignement doit être structuré. Les élèves ne peuvent acquérir ces habiletés par eux-mêmes.
- Il est possible d'enseigner ces habiletés dans un temps raisonnable et avec des ressources limitées.

Dans l'enseignement des habiletés coopératives, j'ai tenté de respecter les différences des élèves. J'ai aidé les élèves à prendre conscience de l'importance de ces habiletés en rencontrant chacune des équipes et en parlant avec tous. Je me suis assurée qu'ils comprenaient les habiletés et j'ai structuré les activités de manière à faciliter cette compréhension. Je leur ai donné suffisamment de temps pour qu'ils se familiarisent avec les démarches préparatoires à la discussion et je leur ai donné une rétroaction sur leur façon de travailler. Chaque fois qu'on me posait une question sur le travail à faire, je m'assurais que tous les membres de l'équipe avaient essayé d'y répondre. Je leur ai souvent rappelé que leurs coéquipiers pouvaient être une aussi bonne ressource que moi et qu'ils devaient se faire confiance.

Dans une classe coopérative, il faut enseigner non seulement le contenu, mais aussi la façon de l'apprendre.

Il en résulte qu'avant de pouvoir devenir des apprenants efficaces capables d'effectuer une tâche structurée de façon coopérative, les élèves doivent apprendre à maîtriser certains comportements positifs. Au cours de nos années d'enseignement à des adolescents et à des adultes, nous avons remarqué qu'aucun groupe d'âge n'est véritablement doté d'habiletés particulières en matière de coopération. Ces habiletés, chez certains individus, paraissent davantage liées à des expériences personnelles qu'au niveau de connaissances ou de maturité. Il ne faut cependant pas se décourager: l'enseignement des habiletés coopératives n'est ni aussi ardu ni aussi long qu'on pourrait le croire. Il se fait parallèlement à l'enseignement de la matière et, avec un peu d'expérience, exige très peu de temps. Le principe de base est de déterminer les habiletés qui sont absolument fondamentales et nécessaires à la réussite d'une activité coopérative donnée. Pour des raisons pratiques, il vaut mieux déterminer d'abord un objectif scolaire, puis élaborer une activité (interdépendance et regroupement) et, enfin, choisir une habileté coopérative qui sera enseignée et évaluée en même temps que la matière. La figure 1.7 (voir page 26) illustre les comportements positifs que les élèves doivent acquérir pour devenir des apprenants efficaces (pour une liste plus complète, voir l'annexe 4, page 147).

Apprenant efficace

4e niveau
- Critiquer les idées et non les personnes
- Demander des justifications
- Synthétiser des idées
- Intégrer les idées

3e niveau
- Résumer
- Corriger ou ajouter des idées
- Élaborer des idées
- Décrire des stratégies d'apprentissage

2e niveau
- Donner une orientation au groupe
- S'encourager
- Parler à tour de rôle
- Demander une clarification
- Reformuler
- Communiquer en utilisant le «je»

1er niveau
- Utiliser un ton de voix modéré
- Assurer une participation égale de tous les membres
- Écouter activement
- Demander de l'aide
- S'en tenir à la tâche prévue

Techniques d'enseignement des habiletés coopératives

Voici les trois techniques de base utilisées pour favoriser le développement des habiletés coopératives: activité de développement de l'esprit d'équipe; séance de remue-méninges sur les comportements propres à une habileté particulière; jeux de rôle.

Activités de développement de l'esprit d'équipe Après avoir formé une équipe de travail, les élèves se sentent souvent mal à l'aise et ont de la difficulté à participer activement à l'exécution d'une tâche scolaire avec des personnes qu'ils ne connaissent pas, à moins qu'ils n'aient au préalable pris part à des activités de développement de l'esprit de classe, qui servent à établir un climat de confiance. Toutefois, même s'il règne un climat général d'acceptation mutuelle, la proximité physique des membres d'une nouvelle équipe peut paraître quelque peu menaçante à certains. Une activité de développement de l'esprit d'équipe, comme « la grille d'équipe » (voir page 88), avec des questions relatives aux préférences et aux aversions de chacun, favorise chez les élèves la détente et l'ouverture. Souvent, ces deux sensations entraînent l'apparition spontanée de comportements sociaux positifs entre les coéquipiers.

Séance de remue-méninges Les élèves n'ont pas tous une expérience positive de la coopération. La plupart de ceux qui sont soumis au stress de devoir compter sur le travail des autres autant que sur le leur ont besoin qu'on leur enseigne ou qu'on leur rappelle comment coopérer. Lorsqu'on connaît l'habileté requise pour effectuer une tâche particulière, il suffit généralement de tenir une séance de remue-méninges dans la classe pour déterminer les comportements à adopter. Il faut se rappeler que les habiletés coopératives, comme toutes les autres formes de relation humaine, peuvent être exprimées verbalement et non verbalement. Bon nombre d'enseignants trouvent la technique du tableau en T (voir tableau 1.5) utile pour noter les suggestions durant les séances de remue-méninges.

TABLEAU 1.5
EXEMPLE DE TABLEAU EN T – HABILETÉ : POSER DES QUESTIONS APPROFONDIES

Verbal	Non verbal
• Utiliser un vocabulaire clair et précis • « Peux-tu expliquer... » • « Si j'ai bien compris... »	• Hocher la tête • Se pencher vers les membres de l'équipe

J'ai affiché un tableau en T et j'ai demandé aux élèves de m'indiquer les comportements verbaux et non verbaux propres à l'habileté en cause. Après un grand moment de silence, plusieurs questions ont fusé et j'ai dû repréciser le sens de l'exercice ; les élèves ont alors nommé au moins quatre caractéristiques pour chacun des aspects.

Il faut noter que les expressions non verbales seront les mêmes pour beaucoup d'habiletés. Le fait d'être assis en silence, tourné vers le groupe, de regarder la personne qui parle en approuvant ses propos d'un signe de tête de temps à autre, par exemple, constitue un langage corporel qui convient à la plupart des habiletés déjà énumérées. Il est important de prendre conscience de ces comportements. En effet, lorsque les élèves ont suffisamment développé certaines habiletés, celles-ci se manifestent plus souvent par des expressions non verbales que par des expressions verbales.

Jeu de rôle La troisième technique est le jeu de rôle. Même si elle paraît parfois inutile, cette façon humoristique d'enseigner produit souvent d'excellents résultats. On peut, par exemple, demander à un groupe d'élèves de préparer une saynète de 30 à 60 secondes qui illustrera le mauvais fonctionnement d'une équipe. Elle sera suivie d'une autre saynète qui représentera une situation où tout se déroule bien et qui décrira l'habileté à utiliser. Les enseignants qui ont déjà recours à l'humour en classe accepteront volontiers cette technique. Les autres pourraient se contenter de l'essayer.

> Les élèves ont mis beaucoup de sérieux dans la manifestation de leur habileté en paroles et en gestes lors des débats. Bien sûr, lorsqu'on est observé et évalué, il est plus motivant de s'engager positivement... Il faut d'ailleurs plus d'une activité portant sur l'apprentissage d'une habileté pour vérifier l'intégration de cette habileté.

La réflexion critique

Grâce à la métacognition, les élèves peuvent modifier leur comportement.

Comme les enseignants préparent des activités coopératives qui comportent à la fois un objectif scolaire et un objectif interpersonnel, le processus d'évaluation devrait refléter l'un et l'autre. Il est possible d'évaluer l'objectif scolaire de différentes manières ; leur description se trouve dans le chapitre sur l'évaluation (voir page 75).

Le processus par lequel les élèves coopèrent est renforcé et évalué, quant à lui, à l'aide de la réflexion critique.

Il faut donner aux élèves l'occasion de réfléchir, individuellement et en équipes, sur l'efficacité de leur comportement par rapport au maintien de l'harmonie au sein de l'équipe et à la réalisation de son objectif. Toutefois, lorsque ce processus de réflexion est mal encadré, il peut donner lieu à des séances d'accusations et de blâmes mutuels. Il existe trois types de réflexion : l'introspection, la réflexion critique individuelle sur l'équipe et la réflexion critique en équipe. Nous les présentons ici selon leur degré de complexité, et ils devraient être utilisés dans cet ordre. Avec chacun de ces types, il est possible de procéder oralement ou par écrit. Les annexes 5 à 8 (voir pages 148 à 151) proposent des exemples de formulaires de réflexion critique.

La valeur de ce processus repose sur le fait que, grâce à la métacognition, les élèves peuvent modifier leur comportement. Il n'est pas nécessaire que les réponses aux questions vous soient communiquées directement. Toutefois, elles doivent être discutées par les membres de l'équipe.

• **1er niveau : L'introspection**

Il faut poser à l'élève une des questions suivantes, ou une question similaire, portant sur sa performance dans l'équipe :

- Quelles expressions verbales ou non verbales as-tu utilisées pour t'assurer que telle habileté coopérative était appliquée ?
- Quel est ton degré de satisfaction relativement à ta participation dans le groupe (faible, moyen, bon, excellent) ? Pourquoi ?
- Comment as-tu aidé tes coéquipiers dans leur apprentissage ?

Si ces questions sont posées oralement, les élèves y répondent en participant à une table ronde à l'intérieur de leur équipe.

• **2e niveau : La réflexion critique individuelle sur le fonctionnement de l'équipe**

Chaque coéquipier est ici invité à évaluer le travail de l'ensemble de l'équipe, y compris la sienne, et à communiquer son opinion à ses pairs. Il n'est pas nécessaire d'obtenir un consensus sur cette évaluation. À ce stade, on demande souvent aux élèves de répondre aux questions par écrit avant qu'ils ne fassent part de leurs commentaires à leurs coéquipiers.

- Nomme quelques-uns des comportements qui ont facilité le travail de l'équipe.
- Quels sont les aspects du travail de l'équipe qui pourraient être améliorés ?
- La gestion du temps a-t-elle été efficace ?
- Les consignes reçues ont-elles été fidèlement exécutées ? Les rôles assignés ont-ils été adéquatement remplis ?

• **3ᵉ niveau : La réflexion critique collective**

Les questions suivantes s'adressent à tous les membres de l'équipe ; ils doivent parvenir à un consensus sur chacune des questions. À ce stade, vous pouvez poser les questions oralement ou utiliser un formulaire (voir annexes 7 et 8, pages 150 et 151).

Pour le 3ᵉ niveau de réflexion, nous employons souvent un principe appelé « deux qui brillent, un à polir » : il s'agit en fait pour les élèves de trouver deux comportements qui ont favorisé l'efficacité de l'équipe pour chaque comportement qui est susceptible d'être amélioré.

- Nommez deux comportements qui ont facilité le fonctionnement de l'équipe et un troisième qui devrait être amélioré.
- Quels sont les problèmes qui se sont posés et quelles solutions avez-vous proposées pour les régler ?
- Comment le travail de l'équipe permet-il d'en arriver à un meilleur apprentissage individuel ?

Même les questions d'autoévaluation doivent être formulées de manière à ce que les élèves aient l'impression d'évoluer plutôt que celle d'être prisonniers de comportements négatifs.

Des méthodes éprouvées pour susciter la réflexion critique

Il n'est pas nécessaire de recourir à la réflexion critique après chaque activité coopérative. Toutefois, au début, alors que les élèves passent plus de temps à apprendre à coopérer qu'à coopérer pour apprendre, on devra certainement s'en servir très souvent.

La réflexion critique fait partie intégrante du travail coopératif. Si vous omettez d'organiser des périodes de réflexion, vous observerez une certaine dégradation dans le fonctionnement des équipes, et des problèmes importants risquent de rester sans solution. L'évaluation du fonctionnement d'une équipe doit être prise au sérieux, au même titre que l'accomplissement d'une tâche.

Voici une liste de méthodes qui ont fait leurs preuves ; elles sauront susciter la réflexion critique :

• Le « coup de fouet » : chaque membre de l'équipe dispose de 30 secondes pour se prononcer sur la qualité du fonctionnement de l'équipe. Aucun autre membre n'a le droit d'émettre de commentaires. Cette technique permet d'entendre rapidement l'opinion de chacun des coéquipiers, d'où un effet de coup de fouet. Vous devez fournir les questions que les équipes doivent aborder ou les phrases à compléter (voir annexe 8, page 151).

• Chaque coéquipier indique, parmi les comportements qu'il a adoptés ce jour-là, ceux qui ont permis à l'équipe de fonctionner plus efficacement. Il décrit ensuite un comportement d'un autre membre de l'équipe, situé immédiatement à sa gauche ou à sa droite, qui a également été utile ce jour-là.

- Chaque élève remplit une liste de contrôle portant sur sa participation au sein de l'équipe. Les membres de l'équipe mettent ensuite en commun les différentes listes et discutent des bons aspects de leur collaboration, puis réfléchissent sur les aspects qui pourraient être améliorés (voir tableau 1.6).

TABLEAU 1.6

EXEMPLE DE RÉFLEXION CRITIQUE INDIVIDUELLE

Critère d'évaluation	Comportement	Fréquence	
		Rarement	Souvent
Participation égale	• J'ai effectué les lectures préalables.		
	• J'ai laissé chacun exposer son opinion.		
	• J'ai invité chaque membre à s'exprimer pendant la discussion sur le rapport.		
Nouvelle habileté coopérative	• J'ai écouté les autres.		
	• J'ai utilisé un ton de voix modéré.		
	• J'ai parlé à mon tour.		
Engagement personnel	• J'ai demandé de l'aide à mes coéquipiers.		
	• Je leur ai apporté mon soutien.		
	• J'ai tenu compte de leurs besoins respectifs.		

Source : *Inspiré d'un outil de travail élaboré par Lucie Lemieux–Samson*

- Chaque coéquipier répond à une série de questions portant sur le fonctionnement de l'équipe. Ensuite, ils comparent leurs réponses et dressent un plan d'action pour leur prochaine séance de travail (voir annexe 8, page 151).
- Les membres de l'équipe, collectivement, remplissent un formulaire ou rédigent un court texte décrivant les habiletés qu'ils utilisent de façon satisfaisante et celles qu'ils doivent améliorer. Tous signent ensuite le formulaire ou le texte pour indiquer qu'il y a consensus au sein de l'équipe.
- Vous pouvez joindre à la feuille de travail de chaque équipe un formulaire de réflexion critique en guise de conclusion à une activité, ou encore vous pouvez poser une question sur la façon d'améliorer

l'équipe. Les élèves constateront ainsi que la réflexion sur le fonctionnement de leur équipe fait partie intégrante de leur apprentissage.

- Chaque élève souligne favorablement la façon dont ses coéquipiers ont utilisé certaines habiletés en coopération en complétant une des phrases ci-dessous. Les élèves échangent ensuite entre eux les commentaires écrits :
  - J'ai particulièrement apprécié le fait que tu …
  - J'ai bien aimé que tu …
  - J'ai admiré ta façon de …
  - J'ai trouvé ça bon quand tu …

La rétroaction positive doit être exprimée clairement et directement et ne doit en aucun cas être minimisée ni refusée.

- Vous pouvez animer une activité inspirée de la structure « têtes numérotées ensemble » (voir page 91) en groupe-classe.
  - Vous posez une question portant sur la façon d'améliorer une équipe, comme : « Qu'est-ce que les membres de l'équipe ont fait pour être pleinement efficaces ? »
  - Chaque équipe discute de la question durant une ou deux minutes.
  - Chaque équipe présente sa réponse à l'ensemble de la classe.
  - Vous reprenez ensuite ce processus en posant une autre question. Les enseignants limitent souvent cet exercice à trois questions.

Le rôle de l'enseignant

> *J'ai toujours cru tenir un rôle très important : je suis au centre de l'action, je transmets mon savoir, je dirige, je donne la bonne réponse ! En fait, j'imite le modèle prédominant dans mon milieu d'enseignement. Je le fais pour être acceptée par mes collègues, pour respecter les standards établis au collège et parce que cela me rassure de pouvoir m'identifier à un groupe…*

Durant une activité coopérative, votre rôle diffère de celui que vous jouez habituellement. Vous avez en effet la responsabilité d'élaborer des objectifs scolaires et sociaux et d'établir un climat favorisant l'interaction entre les élèves et le travail collectif. Les élèves peuvent continuer à jouer leur rôle traditionnel, qui consiste à écouter votre exposé et à prendre des notes, mais ils doivent également participer activement à la résolution de problèmes et assumer leur part de travail. Cette forme d'enseignement a un effet stimulant sur les élèves et les incite à s'engager activement dans la poursuite des objectifs communs. Votre rôle de transmetteur de savoirs se transforme alors en celui de « facilitateur ».

> *Je constate que l'enseignant, en encadrant et en sécurisant les élèves, joue un rôle déterminant. L'enseignant qui observe les comportements de ses élèves stimule leur participation. Ces derniers savent fort bien qu'ils sont « vus » par le professeur et qu'ils ne peuvent « s'échapper ».*

En outre, les communications se font différemment dans les classes où règne la coopération, ce qui amène aussi une redéfinition de votre rôle. Dans les classes traditionnelles, les enseignants donnent des cours magistraux, présentent de l'information, s'occupent de la discipline et donnent des instructions. Par contre, les enseignants qui utilisent une pédagogie coopérative s'efforcent de faciliter les communications entre les élèves. De plus, ces enseignants encouragent leurs élèves, ils leur fournissent une rétroaction et leur manifestent appui et approbation.

Pour vous assurer que l'apprentissage coopératif sera une réussite dans vos classes, vous devez jouer certains rôles avant, pendant et après vos cours. Par exemple, avant de rencontrer vos élèves, vous devez prendre des décisions relativement à la planification de l'activité et faire en sorte qu'aucune composante ne manque : un climat de coopération au sein de la classe, la taille des équipes et leur composition, les types d'interdépendance, un moyen de susciter la responsabilisation individuelle, les habiletés coopératives et une méthode de réflexion critique. Au début d'un cours, la tâche de fournir des consignes aux équipes est délicate. Les consignes constituent en effet le point central du travail coopératif. Elles doivent inclure des précisions sur la nature de la tâche à accomplir et sur la façon d'exécuter cette tâche ainsi qu'un enseignement de l'habileté coopérative à appliquer.

L'énergie circule entre les élèves. Mais, comme enseignant, en certaines occasions, je sens que je perds du pouvoir. Je ne sais plus ce que les élèves pensent ; ils partagent leurs idées entre eux. J'en reçois des échos. Au début, cela m'a bouleversé, mais, peu à peu, je constate que je renforce le pouvoir de chaque élève et non plus seulement celui des leaders. J'offre à chacun l'opportunité de se situer avantageusement à l'intérieur de son équipe.

Pendant que vos élèves travaillent en équipes, vous avez l'occasion d'entendre leurs conversations et les commentaires qu'ils émettent sur le contenu du cours. Vous faites alors souvent des découvertes surprenantes sur la nature et sur l'étendue des connaissances de vos élèves ainsi que sur les relations qu'ils entretiennent entre eux. Vous devez profiter de ces périodes de travail pour observer les activités des équipes et intervenir, au besoin, pour soutenir les élèves dans leur apprentissage. Naturellement, en tant que «facilitateur» en coopération, vous devez apprendre à vous tenir à l'écart, à observer et à n'intervenir que si c'est absolument nécessaire. Mettre en pratique cette transformation de votre rôle d'enseignant n'est pas chose aisée.

Pour y parvenir, vous pouvez dire à vos élèves que vous observerez comment se fait la coopération dans les équipes et que vous chercherez surtout à savoir si les habiletés interpersonnelles et cognitives ciblées sont utilisées. De votre poste d'observation, en marge d'une activité, vous devez vous poser les questions qui suivent, en respectant l'ordre de présentation, et prendre des notes, mentalement ou par écrit :

1. Les élèves ont-ils compris la tâche à effectuer (quoi faire et comment le faire) ?
2. Parviennent-ils à maintenir leur niveau d'engagement ?

3. Comprennent-ils bien le contenu de la tâche ?
4. Utilisent-ils des habiletés coopératives ?

Si dans la majorité des équipes la réponse à la première question est néga-tive, vous devez interrompre l'activité et reformuler les consignes. Par contre, si la réponse est positive, mais que les élèves semblent éprouver certaines diffi-cultés avec le contenu ou avec la dynamique de l'équipe, vous devez éviter d'intervenir : vous devez plutôt donner l'occasion aux élèves de résoudre leur problème ensemble. Ils y parviendront sans doute, ce qui leur permettra d'af-fermir leur confiance en eux-mêmes et leur sens des responsabilités.

Au début, vous devriez observer l'ensemble de la classe et vous contenter de repérer certains comportements spécifiques. Ce n'est que plus tard dans le processus d'apprentissage que vous pourrez songer à intervenir auprès des élèves qui auront adopté des comportements inadéquats.

> *Les élèves ont fait en sorte que chacun puisse s'exprimer au sein des différentes équipes. Au début, lorsque je m'approchais d'une équipe en particulier, ses membres agissaient de façon un peu artificielle entre eux, mais cela s'est atténué au fil du temps.*

Observation des équipes au travail

Pour analyser la productivité du travail des équipes d'apprentissage coopératif, il faut recueillir des données. L'observation spécifique permet de connaître et de décrire le comportement des membres d'une équipe pendant qu'ils effectuent une tâche. Ensuite, il faudra communiquer les renseignements recueillis ; cette rétroaction leur permettra éventuellement d'être plus efficaces. Une fiche d'observation, comme celle présentée au tableau 1.7, peut alors être fort utile.

TABLEAU 1.7
EXEMPLE DE FICHE D'OBSERVATION

Habileté observée	Nom des membres de l'équipe		
	Jill	Caitlin	Kiel
Écoute active			
Ton de voix modéré			
Concentration sur la tâche			

Il existe deux méthodes d'observation permettant d'obtenir des renseignements sur le fonctionnement d'une équipe. Vous pouvez **observer directement** les équipes coopératives, ou encore vous pouvez **demander à des élèves** d'effectuer cette tâche.

L'enseignant observateur   Lorsque vous observez vous-même le travail, vous vous promenez dans la classe et recueillez des renseignements sur le fonctionnement de quelques équipes ou de toutes les équipes à la fois.

Le processus d'observation comporte quatre étapes :

1. **Choisir une ou deux habiletés coopératives à observer pendant le cours**. Il faut rappeler aux élèves que ce sont ces habiletés qu'ils doivent mettre en pratique. Dans le cas où il s'agit de présenter ou d'exercer une nouvelle habileté, certains enseignants préféreront n'observer que cette habileté.

2. **Planifier l'observation** en répondant aux deux questions suivantes :
   - vais-je utiliser un formulaire ? Si oui, lequel ?
   - vais-je observer chacune des équipes durant une courte période de temps ou me concentrer sur une ou deux équipes pendant toute la période d'observation ?

3. **Noter les observations** en utilisant, par exemple, une grille d'observation pour chaque équipe (voir annexe 9, page 152).

Voici quelques directives qui devraient faciliter l'utilisation d'une telle grille :
   - Chaque fois qu'un élève utilise une habileté coopérative, il faut cocher la case appropriée.
   - Il faut observer attentivement les messages non verbaux comme les sourires, les hochements de tête approbateurs, les regards attentifs, etc.
   - Il ne faut pas essayer de tout noter, mais plutôt tenter d'observer les comportements le plus rapidement possible sans faire d'erreur.
   - Il faut prendre des notes à l'endos de la feuille d'observation s'il se produit une chose qui devra être communiquée à l'équipe ou à la classe et qui n'entre pas dans les catégories à observer.

4. **Conserver les observations** pour évaluer les progrès des équipes ou des individus.

Il est aussi possible, de temps à autre, d'observer les élèves de façon moins structurée en notant des événements significatifs liés à leurs efforts de coopération. Ces observations portent généralement sur un point précis ; elles doivent être exclusivement constructives et suffisamment concises pour être notées rapidement. Elles décrivent un aspect important du comportement positif d'un ou de plusieurs élèves et aident à répondre aux questions concernant la réussite de l'implantation de la coopération dans une classe. Dans ce cas, au moment de la rétroaction, il ne faut mentionner ni le nom de l'élève ni l'équipe à laquelle il appartient.

L'élève observateur   Dans les classes structurées en coopération, il est bon que les élèves développent des aptitudes pour l'observation. Toute personne à qui on assigne la tâche d'observer, qu'il s'agisse d'un enseignant ou d'un élève, fait des découvertes surprenantes sur la dynamique des groupes. L'observation d'une équipe au travail constitue une excellente source d'apprentissage pour les élèves. Ils apprennent à se détacher de l'équipe et à réfléchir sur les comportements qui favorisent sa réussite ou qui lui nuisent.

Par conséquent, l'utilisation d'élèves comme observateurs est utile car :
   - elle permet de fournir une rétroaction méthodique à un nombre maximal d'équipes dans une courte période de temps, ce qui aide les coéquipiers à développer des habiletés coopératives ;

- elle fournit à des élèves l'occasion de s'observer eux-mêmes de façon critique grâce à l'effet réfléchissant de toute tâche d'observation.

Naturellement, cette méthode pose certains problèmes. Par exemple, puisque l'observateur ne participe pas à l'activité observée, il est privé des connaissances générées par son contenu. Une façon de surmonter cet obstacle consiste à ne procéder à une séance d'observation que lorsque la matière abordée dans l'activité est relativement simple ; ainsi, les élèves agissant comme observateurs pourront combler plus facilement leurs lacunes. Un autre problème possible est le manque d'aptitude pour l'observation. On peut régler ce problème en assignant aux élèves la tâche d'observer une seule habileté en coopération et en choisissant une habileté dont les expressions verbales et non verbales sont relativement faciles à repérer. On choisira, par exemple, les habiletés suivantes : s'en tenir à la tâche, suggérer des idées (chaque fois qu'une idée est suggérée sans qu'il soit tenu compte des questions et des reformulations, l'observateur le note), poser des questions, s'encourager mutuellement, parler à voix basse (si le bruit est un facteur perturbant), etc.

Au moment de fournir une rétroaction, après l'activité coopérative, l'observateur doit se conformer aux sept règles énoncées dans la section suivante (« Une intervention sous forme de rétroaction », page 36).

L'intervention auprès des équipes

Vous devez vous abstenir d'intervenir auprès des équipes, sauf lorsque c'est absolument nécessaire. À cause de votre formation, vous avez l'impression de devoir régler les problèmes de vos élèves à mesure qu'ils surgissent. Pourtant, si vous vous armez d'un peu de patience, vous constaterez qu'un grand nombre d'élèves parviennent à résoudre leurs problèmes internes (s'entendre harmonieusement et effectuer leur tâche) en trouvant eux-mêmes une solution immédiate à ces problèmes, et même en développant une méthode qui leur permettra de résoudre des problèmes similaires dans l'avenir.

Par exemple, un enseignant de français avait remarqué en passant près d'une équipe que deux des quatre membres perturbaient la discussion avec une conversation personnelle. Les deux autres élèves paraissaient cependant intéressés par les propos de leurs coéquipiers. L'équipe avait choisi comme objet d'étude les valeurs sociales exprimées par des poèmes. Toutefois, la conversation portait sur le fait que les mères des deux élèves en question écoutaient des téléromans, et ces élèves établissaient un parallèle entre les habitudes télévisuelles et le comportement des parents. Ils soulignèrent également que leurs parents écoutaient des émissions dans leur langue maternelle, soit l'italien et le portugais. Après avoir hésité un moment, l'enseignant décida de patienter et de ne pas intervenir. Peu à peu, les élèves qui avaient engagé la conversation l'orientèrent vers une analyse des valeurs véhiculées par les téléromans, valeurs qui, selon eux, consolidaient les cultures respectives de leur mère. En se fondant sur cette analyse, les élèves passèrent à un examen minutieux des poèmes à l'étude pour y découvrir les valeurs sociales exprimées par leurs auteurs. En faisant preuve de patience et de confiance, l'enseignant avait permis à ces élèves de se construire un système de référence personnel en relation avec le sujet. Les élèves avaient pu ainsi établir un lien entre leurs propres expériences et un sujet difficile, de façon à mieux se l'approprier. Il est probable que l'équipe n'aurait pu atteindre un niveau aussi élevé de compréhension du thème « les valeurs et la poésie » sans cette conversation personnelle préliminaire.

La décision d'intervenir ou de ne pas intervenir fait partie de l'art d'enseigner et, sur ce plan, vous pouvez généralement vous fier à votre intuition. Après une intervention auprès d'une équipe, vous proposerez habituellement à ses membres une question ou un problème pour qu'ils en trouvent la solution ensemble. Dans le cas où les élèves éprouvent de la difficulté à travailler en harmonie, certains enseignants interviennent en invitant les membres de cette équipe à mettre leur tâche de côté pour attirer leur attention sur le problème ; ils leur demanderont ensuite de proposer une solution appropriée plutôt que de céder à une impulsion soudaine et de dissoudre l'équipe.

Voici quelques exemples de situations où il est souhaitable d'intervenir auprès des élèves :

- Intervenir pour enseigner des habiletés coopératives.
- Intervenir pour aider une équipe qui semble bloquée par un problème (donner des exemples d'énoncés constructifs ; fournir des idées nouvelles ; suggérer des techniques d'écoute attentive ; susciter une réflexion sur l'amélioration d'une situation ou sur la résolution d'un problème ou d'un conflit observé qui semble sans issu, etc.).
- Intervenir pour renforcer un comportement positif (interrompre, signaler et féliciter).
- Intervenir pour offrir une aide directement liée à la tâche.

L'observation des équipes au travail vous permet d'intervenir efficacement pour clarifier les consignes, réviser les marches à suivre et les stratégies importantes pour l'exécution de la tâche en cours, répondre aux questions et enseigner la matière selon les besoins des élèves. Lorsque vous discutez des concepts et des notions à apprendre, vous devez employer un langage et des termes adaptés à l'apprentissage en cours. Par exemple, au lieu de dire « Oui, c'est exact », il vaut mieux donner une réponse plus pertinente par rapport à la tâche, comme « Oui, ce sont les questions qui concernent la santé communautaire ». Vous devez formuler vos questions de manière à encourager l'élève à émettre son opinion ou à trouver lui-même la réponse. Ainsi, « Comment expliqueriez-vous cette réponse ? » est préférable à « Êtes-vous d'accord ? », question à laquelle on répond par oui ou par non.

Une intervention sous forme de rétroaction Si vous avez effectué des observations rigoureuses, il est important de fournir à chaque équipe une rétroaction appropriée à l'aide des données recueillies sur les feuilles d'observation. Pour vous assurez que la rétroaction est positive et contribue aux progrès d'une équipe, vous devez respecter certaines règles :

- Donner la rétroaction immédiatement après l'activité.
- Faire remarquer que les observations relevées sont personnelles (« J'ai vu… », « J'ai entendu… »).
- S'adresser à l'équipe et non à un individu (« J'ai entendu Johanne dire… » et non « Johanne, tu as dis que… »).
- Cibler un comportement et non une personne (« Frédéric a parlé une seule fois au cours des 30 minutes de l'activité » et non « Frédéric est toujours tranquille »).
- Se référer aux descriptions des habiletés coopératives visées (« On devait pratiquer l'écoute active, soit essayer de reprendre l'idée de l'autre… »).

Une rétroaction constructive et précise permet aux élèves de progresser.

- Éviter d'émettre des commentaires négatifs et essayer de donner en exemple à chaque membre de l'équipe un élément positif observé dans son comportement (tout en restant honnête).
- À la fin de la rétroaction, lire à haute voix ses observations sur les gestes et les propos qui ont favorisé le bon fonctionnement de l'équipe.

L'autre jour, à la fin du cours, je suis intervenu de la manière suivante auprès des élèves : «En observant votre travail, j'ai remarqué certains comportements positifs qui vous ont aidés à exécuter votre tâche. J'ai remarqué, par exemple, que cinq des six équipes s'en sont tenues à leur tâche jusqu'à la fin de l'activité. En ce qui a trait à notre objectif de coopération (solliciter la participation des autres), j'ai observé les expressions corporelles suivantes : des personnes qui se penchaient vers le centre de l'équipe, des regards fixés sur la personne qui parlait, des gestes de la main pour demander le droit de parole, etc. J'ai aussi entendu des phrases du type «Et toi, Carole, qu'en penses-tu?», «Qu'est-ce que vous en dites?», «J'ai trop parlé!».

Une réflexion sur l'état de la coopération en classe

Lorsque les élèves quittent la classe, vous devriez vous accorder un moment de répit pour réfléchir aux observations recueillies durant l'activité. Cette réflexion vous permettra d'établir de nouveaux objectifs, de déterminer les problèmes existants et de considérer les solutions possibles. Comme la coopération n'existe pas seulement entre élèves mais aussi entre collègues d'un même département, les enseignants qui pratiquent la coopération se font souvent part de leurs observations et de leurs réflexions. Mais même si la rétroaction provenant de collègues peut aider un enseignant à trouver des moyens d'améliorer les méthodes qu'il emploie en classe, un tel partage d'idées a comme objectif principal la métacognition. Un enseignant qui vient de faire l'expérience de la coopération dans sa classe a intérêt à formuler ses pensées et à les communiquer à un autre pédagogue, lequel peut parfois avoir des réponses à ses questions. Mais il s'agit, d'abord et avant tout, d'organiser ses propres pensées plutôt que de chercher des solutions auprès de quelqu'un d'autre. Le collègue fournit simplement une écoute attentive. Inutile de dire que la relation entre collègues doit être fondée sur la confiance mutuelle, sur l'ouverture aux autres et sur le droit à l'erreur.

Travailler ensemble au développement professionnel

Après avoir assisté à un atelier de formation professionnelle traitant d'une nouvelle méthode d'enseignement, vous revenez en classe très enthousiaste, prêt à tenter d'appliquer cette méthode. Devant l'absence d'un soutien qui vous permettrait de surmonter les difficultés rencontrées, votre bel enthousiasme fond bien souvent comme neige au soleil... Et c'est normal! L'isolement rend l'implantation de toute innovation particulièrement ardue. Pendant que vous vous efforcez malgré tout de réussir cette implantation, sans le moindre encouragement, sans confirmation que vos nouvelles idées sont bonnes et sans remue-méninges qui vous permettraient de trouver des réponses à vos questions ou des solutions à vos problèmes, vous perdez votre belle motivation.

La collaboration et l'appui mutuel entre enseignants et administrateurs peuvent favoriser la persévérance dans l'emploi de nouvelles méthodes d'enseignement. Au collégial, les groupes de soutien constituent une ressource pouvant fournir le type d'aide que vous recherchez.

Le soutien offert par ces groupes prend différentes formes. Il peut s'agir de simples entretiens téléphoniques amicaux, de conversations autour d'un verre après le travail ou de réunions du personnel enseignant pour discuter de sujets précis. Peu importe la formule adoptée, ces groupes de soutien doivent constituer des regroupements où les enseignants peuvent se retrouver et où ils sentent qu'on les écoute, qu'on les comprend et qu'on les appuie. Les enseignants n'y tiennent pas de séances de récriminations, mais ils s'en servent plutôt pour discuter de leur pédagogie, pour mettre en commun leurs expériences constructives et pour chercher des solutions aux difficultés qu'ils rencontrent. Des équipes d'enseignants utilisent ces regroupements pour collaborer à l'organisation de cours, tandis que d'autres s'en servent pour réfléchir collectivement sur des activités déjà mises en œuvre. Bon nombre d'enseignants trouvent également utile d'observer comment leurs collègues appliquent la coopération dans leur classe ou d'enseigner en équipe à l'aide de la pédagogie coopérative.

Ces groupes de soutien ressemblent aux équipes de base formées dans les classes. Ils sont fondés sur la confiance, et les participants doivent consacrer un certain temps au développement d'un climat affectif propice au travail d'équipe. Lorsqu'on sait en tirer profit, ils ont un effet extrêmement bénéfique sur le perfectionnement professionnel.

FIGURE 1.8 ■ **Concepts principaux du chapitre 1**

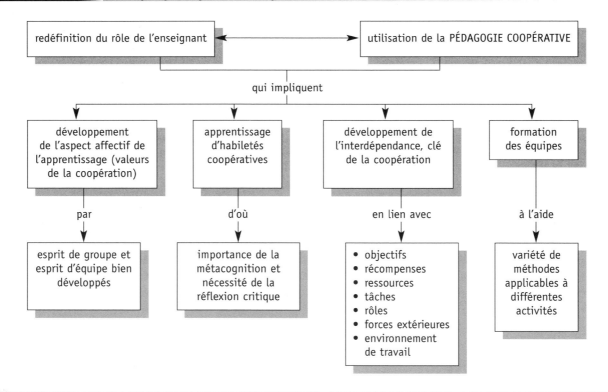

Comment les élèves apprennent-ils ?

Chapitre 2

▶ Ma méthode d'enseignement correspond-elle à la démarche d'apprentissage des élèves ?

▶ Comment puis-je varier mes présentations de façon à tenir compte de la diversité des élèves dans ma classe ?

▶ Quels facteurs dois-je considérer lorsque j'enseigne ?

Au début d'un nouveau semestre, plusieurs élèves éprouvent de l'anxiété. Ils craignent un échec, se posent des questions sur leurs aptitudes et sur la qualité de l'enseignement qu'ils recevront ou sur le type de cet enseignement. Ils s'inquiètent aussi du climat qui régnera en classe même si on leur a répété, et ils en sont venus à le croire, que l'important, c'est ce qu'ils apprennent et non la façon dont ils apprennent. En général, ils se préoccupent de leurs résultats et désirent apprendre, mais ils ne savent pas nécessairement comment le faire. La plupart ont appris à mémoriser des connaissances puis à les utiliser durant les examens sans se poser de questions ni essayer de comprendre au-delà de ce qui leur est immédiatement demandé.

Les questions que posent les élèves au cours de la première rencontre traduisent souvent leur préoccupation principale : l'effort qu'ils devront fournir pour obtenir une certaine note. Mais, d'abord et avant tout, ils veulent être rassurés quant à leurs possibilités de réussir.

Aussi votre tâche est-elle d'établir un lien entre les besoins que vos élèves laissent transparaître et la structure de votre enseignement. Vous devez donc vous poser certaines questions :

- Comment les élèves du collégial apprennent-ils ?
- À quel niveau se situent leurs connaissances par rapport au contenu qui sera abordé dans le cours ?
- Quelle expérience ont-ils de la vie ?
- Quel est leur degré de maturité ?
- Quelles sont leurs conditions de vie et leurs obligations ?
- Ces facteurs influent-ils sur leur capacité de fournir un effort intellectuel soutenu ?
- Quelle est la caractéristique principale de leur mode d'apprentissage ?
- Quelle est la meilleure manière d'adapter mon style d'enseignement à leur mode d'apprentissage ?

En tant qu'enseignant , vous êtes constamment aux prises avec ces questions – la plupart du temps de façon inconsciente – lorsque vous préparez vos cours ou que vous prenez des décisions concernant des problèmes particuliers à résoudre en classe.

Par exemple, un élève arrive en retard à son cours d'histoire et, une fois assis, semble distrait. Après la pause, il adopte le même comportement. L'enseignant doit décider de ce qu'il lui dira et s'il le lui dira devant les autres élèves ou en privé. Sans y réfléchir consciemment, il réagira en se fondant sur certains facteurs comme l'âge et la maturité de l'élève, ainsi que le type de classe qu'il a devant lui.

Prenons un autre exemple. Mme Robin enseigne la chimie. Elle a remarqué que certains élèves griffonnent distraitement pendant ses cours. Durant une conversation privée, l'un d'eux se plaint que les notes de cours sont très arides, denses et difficiles à comprendre. Comme elle vient elle-même d'entreprendre un cours sur le concept des intelligences multiples, Mme Robin sait que certains élèves apprennent mieux lorsqu'on leur fournit un stimulus visuel. Elle décide donc d'employer des réseaux de concepts pour illustrer les notions qu'elle enseigne. Elle décide aussi de donner du temps aux élèves pendant chaque cours pour qu'ils résument leur apprentissage à l'aide de schémas ou de dessins.

Le cours : un happening

Il existe au moins une constante en enseignement : les élèves d'une classe sont toujours très différents les uns des autres. En outre, le contenu du cours lui-même n'est jamais qu'un des éléments du réseau de liens qui forment l'environnement pédagogique dont l'apprenant est le centre.

À ce propos, voici deux scénarios d'enseignement qui illustrent l'importance des concepts présentés à la figure 2.1. Mme Lagacé et M. Lambert enseignent les mathématiques dans un grand collège de Montréal. Ces dernières années, ils ont tous deux donné à quelques reprises les mêmes cours. Chacun d'eux a une façon personnelle de présenter le même programme à des groupes similaires d'élèves, et tous deux sont des enseignants efficaces. Ils reconnaissent d'ailleurs qu'ils effectuent leurs présentations différemment. Mme Lagacé, par exemple, suit davantage le programme et se préoccupe des résultats, tandis que M. Lambert prend plus de risques et tend à concentrer ses efforts sur le développement des habiletés de ses élèves.

FIGURE 2.1   L'élève au cœur de l'environnement pédagogique

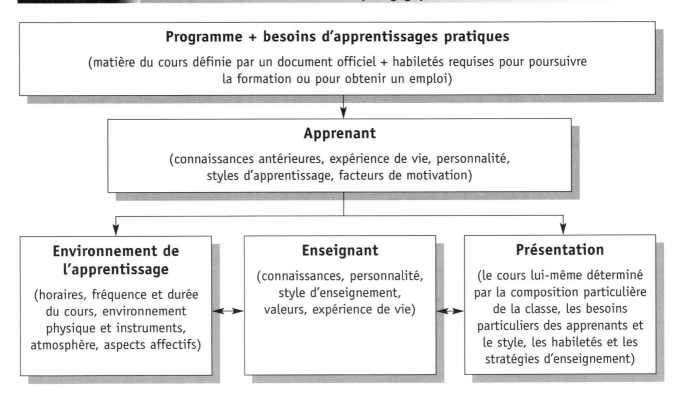

Cette dernière stratégie requiert cependant une certaine quantité d'énergie. La plupart du temps, le sujet étudié n'apparaît même pas dans le plan de cours : il apparaît spontanément, selon l'intérêt des élèves. Les deux enseignants, comme bon nombre de leurs collègues, ont participé à des ateliers de perfectionnement. Ils suivent des cours, écoutent des collègues parler de leurs stratégies d'enseignement, lisent des ouvrages de pédagogie. Consciemment ou non, ils appliquent une partie de ces connaissances dans leur propre classe. Par exemple, cette année, pour la première fois de sa carrière, Mme Lagacé interrompt ses cours magistraux et organise deux courtes sessions de travail en équipes informelles. M. Lambert, qui est réputé pour ses anecdotes et ses histoires tirées de la « vraie vie », a recueilli des exemples d'applications des concepts qu'il enseigne et les utilisera dans sa classe en septembre prochain.

L'impact des besoins affectifs sur l'acquisition de connaissances

Les élèves qui poursuivent leur formation le soir sont majoritairement des travailleurs et viennent de différents milieux. Ils ne se connaissent pas ou très peu et ont peu de temps et d'énergie à consacrer aux études. La plupart travaillent à plein temps et ont des enfants dont ils doivent s'occuper. Plusieurs sont obligés d'améliorer leur formation pour conserver leur emploi, car leur statut professionnel est précaire. Dans un tel contexte, la motivation à suivre les cours est souvent de nature extrinsèque, et il faut déployer des trésors d'imagination et des stratégies d'animation vivantes et dynamiques pour susciter leur intérêt et leur participation.

Des travaux récents en psychologie cognitive ont aidé les éducateurs à comprendre le lien existant entre les besoins affectifs des élèves et l'apprentissage (Sylwester, 1995, et Glasser, 1997). En fait, avant de pouvoir transmettre des connaissances, vous devez capter l'attention des élèves ; ceux-ci ne peuvent cependant concentrer leur attention sur le processus d'apprentissage qu'à condition que leurs besoins émotifs soient satisfaits (voir chapitre 3, page 51).

Pour être efficace, vous devez donc faire en sorte que votre présentation satisfasse vos élèves sur les plans affectif et cognitif. Autrement dit, non seulement devez-vous posséder les connaissances propres à votre domaine d'enseignement et connaître toute une variété de méthodes pédagogiques, mais vous devez aussi être à l'écoute des besoins de vos élèves afin de les soutenir dans leur démarche d'apprentissage.

La plupart des enseignants sont conscients de l'importance d'avoir en classe un climat harmonieux et de bonnes relations fondées sur le respect et la confiance, et c'est pourquoi ils tentent d'en favoriser l'éclosion. Des recherches scientifiques ont par ailleurs permis de découvrir des liens neurologiques entre les parties du cerveau qui régissent les sentiments et celles qui régissent la pensée rationnelle ; cette découverte tend à confirmer la perception instinctive que l'enseignant expérimenté a du processus d'apprentissage (MacLean, 1990). Les enseignants reconnaissent l'importance de la première rencontre avec un nouveau groupe d'élèves ; ils s'emploient donc, lors de cette rencontre, à leur inspirer un sentiment de sécurité. Toutefois, ce sentiment a souvent tendance à s'amenuiser au cours du semestre, et il faut toujours être conscient du besoin qu'ont les élèves d'un climat d'apprentissage à la fois paisible et stimulant.

> À peu près la moitié des élèves font partie d'une minorité visible. Durant la première session, ils ont tendance à se regrouper selon leurs affinités (communautés culturelles). Au cours des sessions subséquentes, le schisme entre élèves est consacré, et cette façon de se regrouper devient une habitude dont il est difficile de se défaire.

La pédagogie coopérative vous offre toute une variété de stratégies vous permettant de développer dans votre classe un climat propice à l'apprentissage, notamment des activités visant à développer des valeurs propres à la coopération ainsi qu'un esprit de classe et un esprit d'équipe (voir chapitre 6, page 84). Un autre aspect positif de cette forme d'enseignement est qu'on peut l'adapter aux divers modes d'apprentissage utilisés dans les classes.

Les divers modes d'apprentissage : comment en tenir compte ?

Une fois leurs besoins émotifs comblés, les élèves sont prêts à apprendre. Mais, encore une fois, vous vous posez certaines questions. Différents élèves exposés aux mêmes types d'expériences d'apprentissage apprennent-ils tous bien ? Comment peut-on tenir compte des divers modes d'apprentissage réunis dans une classe ?

> On reconnaît une intelligence supérieure au fait qu'elle peut entretenir deux idées opposées en même temps et conserver sa capacité de fonctionner.
>
> **F. Scott Fitzgerald (traduction libre)**

Les intelligences multiples : qu'est-ce que c'est ?

Traditionnellement, on compte trois modes d'accès à l'apprentissage : l'ouïe, la vue et le toucher. D'ailleurs, il a toujours semblé naturel et efficace pour les enseignants d'utiliser un support visuel pour maximiser leurs présentations orales devant un groupe. Cependant, depuis la publication des résultats d'une recherche de Howard Gardner[1], en 1996, les modes d'accès à l'apprentissage disponibles aux enseignants se sont multipliés. En effet, Gardner a d'abord observé sept types d'intelligence dont on peut tenir compte dans la transmission de connaissances : verbal / linguistique, logique / mathématique, visuel / spatial, musical / rythmique, kinesthésique / corporel, interpersonnel et, finalement, intrapersonnel. Plus récemment, Gardner a ajouté un autre type

....
1. Howard GARDNER, 1996, *Les intelligences multiples*, Paris, Éditions Retz.

d'intelligence à cette série, le type naturaliste[2]. Selon la théorie de Gardner, une intelligence n'est ni un talent ni un intérêt; il s'agit d'un mode d'accès privilégié à l'information, une clé qui ouvre la porte par où pénètre la connaissance.

La plupart des individus possèdent ces différents types d'intelligence, mais à des degrés divers, allant d'un type dominant à un type latent. L'hérédité et l'éducation influent toutes deux sur les types d'intelligence qui prédomineront chez une personne, mais un individu naturellement doué dans un domaine peut, par ses expériences, acquérir un ou plusieurs types d'intelligence secondaires. Et c'est parce que l'on est doté d'un type d'intelligence donné qu'on choisit généralement une profession ou un emploi relié à ce type d'intelligence.

L'intelligence verbale / linguistique

L'intelligence verbale / linguistique est la capacité d'employer le langage oral et écrit de façon claire et efficace. Les personnes chez qui ce type d'intelligence domine sont sensibles aux sons, aux structures et à la signification du langage. Elles savent communiquer avec efficacité et sont très conscientes des fonctions du langage. Les écrivains, les poètes, les journalistes, les animateurs de *talk-shows*, certains hommes politiques, les enseignants et les animateurs de la radio ont généralement une forte intelligence verbale / linguistique.

L'intelligence logique / mathématique

L'intelligence logique / mathématique se manifeste par la capacité qu'a une personne d'utiliser les nombres de façon efficace et de raisonner logiquement. Les gens chez qui ce type d'intelligence domine aiment travailler avec des notions abstraites et prennent plaisir à résoudre des problèmes complexes. Ils créent des schémas et des modèles mentaux pour comprendre et pour mémoriser des concepts. Ils utilisent les mathématiques comme instruments d'exploration des réalités concrètes. Les ingénieurs, les physiciens, les médecins, les informaticiens, les mathématiciens et les scientifiques possèdent généralement une intelligence résolument logique / mathématique.

L'intelligence musicale / rythmique

L'intelligence musicale / rythmique est la capacité de percevoir, de différencier, d'exprimer et de transposer des notions musicales. Les personnes dotées de ce type d'intelligence aiment s'entourer de musique. Qu'elles jouent ou non d'un instrument, elles ont toutes des aptitudes à produire des sons harmonieux ou à apprécier un timbre sonore, un rythme. Les critiques musicaux, les chanteurs, les compositeurs, les musiciens et les danseurs ont généralement un degré élevé d'intelligence musicale / rythmique.

L'intelligence kinesthésique / corporelle

L'intelligence kinesthésique / corporelle est la capacité de s'exprimer à l'aide de son corps. Les personnes qui possèdent cette forme d'intelligence sont habiles à exprimer par la gestuelle leurs pensées et leurs sentiments, et à maîtriser leur corps. Les athlètes, les mécaniciens, les chirurgiens, les danseurs et les acteurs ont généralement une forte intelligence kinesthésique / corporelle.

....

2. Au moment de la rédaction du présent ouvrage, Gardner tentait d'isoler un neuvième type d'intelligence, lié aux émotions et à la spiritualité.

La diversité
assure la survie.
La spécialisation
mène à l'extinction.

Charles Darwin
(traduction libre)

L'intelligence visuelle / spatiale

L'intelligence visuelle / spatiale correspond à la capacité de percevoir l'espace visuellement avec une grande exactitude et d'agir conformément à cette perception. Les personnes chez qui cette intelligence est dominante sont capables d'exprimer les images qui se forment dans leur cerveau par des représentations graphiques. Elles peuvent concevoir mentalement des couleurs et des formes compliquées. Les artistes (quels que soient leurs moyens d'expression), les architectes, les réalisateurs de films et les constructeurs possèdent généralement une forte intelligence visuelle / spatiale.

L'intelligence interpersonnelle

L'intelligence interpersonnelle est la capacité de percevoir et d'établir des distinctions entre les humeurs, les intentions, les motivations et les sentiments d'autrui. Elle est souvent caractérisée par une aptitude à coopérer et à travailler avec les autres. Les personnes chez qui ce type d'intelligence domine sont des leaders naturels, des gens qui facilitent la tâche des autres. Elles aiment les réunions publiques et sociales et font souvent partie de comités organisateurs. Les chefs politiques et religieux, les enseignants et les thérapeutes ont généralement une intelligence à prédominance interpersonnelle.

L'intelligence intrapersonnelle

L'intelligence intrapersonnelle est la capacité de se connaître soi-même et de fonder son comportement sur cette connaissance. Les personnes chez qui ce type d'intelligence domine sont capables de scruter leurs sentiments et d'établir des distinctions entre leurs différentes émotions. Elles sont en mesure d'utiliser cette information pour guider leurs comportements. Les aînés qui ont acquis une certaine sagesse, les psychologues, les philosophes, les écrivains et les poètes possèdent une forte intelligence intrapersonnelle.

L'intelligence naturaliste

L'intelligence naturaliste correspond à la capacité de différencier les êtres vivants et à la faculté d'être sensible aux caractéristiques du monde environnant. Les personnes dotées de ce genre d'intelligence cultivent, conservent et entretiennent les éléments du milieu où elles vivent. Elles peuvent percevoir les constances de leur environnement et agir en fonction de celles-ci. Les scientifiques, les écrivains, les agriculteurs et les psychologues possèdent généralement une forte intelligence naturaliste.

L'utilisation des intelligences multiples en pédagogie

Selon l'hypothèse de Gardner, nous possédons chacun de ces types d'intelligence, à des degrés divers, mais nous n'en utilisons principalement que trois ou quatre dans notre vie quotidienne. Notre cerveau peut cependant s'adapter à différentes situations et ainsi développer des intelligences latentes. Par exemple, nous pouvons accroître notre capacité de mémorisation à l'aide d'organigrammes qui mettent en évidence les relations entre divers concepts; ces organigrammes nous permettent de développer des modèles logiques applicables aux éléments que nous désirons mémoriser (logique / mathématique). On peut enseigner aux élèves des trucs mnémotechniques basés sur le rythme qui leur permettent d'accéder à leur intelligence musicale latente et, ultérieurement, de la développer. On peut aussi donner aux personnes qui n'aiment pas travailler autrement qu'en équipe des moyens de se débrouiller seules et, inversement, enseigner aux gens qui préfèrent travailler seuls des techniques pour rendre le travail en équipe plus facile et plus agréable. L'intelligence devient quelque chose qui s'enseigne. En pédagogie, les implications d'une telle théorie sont fascinantes.

La théorie des intelligences multiples permet d'envisager l'enseignement de diverses manières. En adaptant l'enseignement aux différents types d'intelligence, on s'assure que tous les élèves ont la chance de réussir lorsque leur intelligence dominante est mise à contribution. Comme aucun type d'intelligence n'est plus important qu'un autre, les élèves à qui on enseigne à l'aide d'une méthode faisant appel à tous les types d'intelligence de façon équilibrée deviendront de meilleurs apprenants.

Il existe différentes manières de planifier l'enseignement en fonction du modèle des intelligences multiples (Campbell, 1999). Nous vous suggérons d'organiser des activités basées sur les huit types d'intelligence dans vos cours à structure coopérative (voir le tableau 2.1).

TABLEAU 2.1
UTILISATION DES DIFFÉRENTS TYPES D'INTELLIGENCE DANS UNE CLASSE COOPÉRATIVE

Caractéristiques de l'élève selon l'intelligence dominante	Suggestions d'activités coopératives
Verbale / linguistique L'élève est sensible à la forme de communication utilisée et à la signification des mots. Il aime lire et porte une grande attention à la formulation du langage parlé et écrit. Il communique clairement. Sa mémoire est stimulée par les mots précis et les phrases bien construites.	• discussion en équipe ; • lecture, analyse de texte en coopération ; • rédaction d'une synthèse en équipe ; • comparaison et amélioration des synthèses individuelles ; • activités orales à structure coopérative (table ronde [page 96], jeu de dé [page 90], entrevue en trois étapes [page 98] etc.) ; • activités écrites à structure coopérative (table ronde écrite [page 97], composition en coopération, etc.) ; • présentations orales ou écrites en équipe associée ou devant la classe ; • rôles de porte-parole, de secrétaire et de lecteur.
Logique / mathématique L'élève recherche les liens logiques et clairement identifiables entre les idées et les concepts. Il a besoin de formuler une thèse et de la soutenir par une énumération d'exemples. Il établit des séquences, catégorise et classifie les éléments. Il utilise la déduction et l'abstraction.	• comparaison de résultats d'opérations en duo ou en équipe associée ; • partage de stratégies de résolution de problème ; • objectivation des façons d'aborder un problème en équipe (verbalisation du quoi et du comment) ; • création de suites logiques en coopération (graffiti collectif, page 94) ; • discussion en coopération suivie d'une synthèse sous forme de points à retenir ou de schématisation d'idées principales ; • activités basées sur des structures coopératives : catégorisation (page 89), schématisation collective (page 107) ; • rôles de responsable de la synthèse et de responsable du temps.

Tableau 2.1 (suite)

Caractéristiques de l'élève selon l'intelligence dominante	Suggestions d'activités coopératives
Visuelle / spatiale L'élève est sensible aux représentations visuelles. Il transpose les idées en images mentales. Il comprend et mémorise mieux en voyant les objets, les images et les représentations graphiques. Il a besoin d'utiliser son imagination pour apprendre.	• activité individuelle consacrée à la préparation de symboles représentant des idées ou des concepts, ou d'un aide-mémoire visuel ; • création d'affiches en équipe ; • schéma collectif ; • création ou restructuration de bandes dessinées en équipe ; • rôles de secrétaire et d'illustrateur ; • activités à structure coopérative : graffiti circulaire (page 93), graffiti collectif (page 94), promenade des connaissances (page 104), schématisation collective (page 107).
Kinesthésique / corporelle L'élève ne peut habituellement s'épanouir qu'en éducation physique, que dans les cours de danse et de théâtre, ou qu'en participant à une ligue d'improvisation. Il apprend bien en utilisant son corps et par le toucher. Il a besoin de manipuler des objets concrets et s'exprime bien avec ses mains et par le mouvement. Son apprentissage et sa mémoire sont stimulés par l'utilisation de son corps.	• manipulation de matériel concret en équipe ; • création de matériel pour les coéquipiers ; • activités de dramatisation, jeu de rôle, pantomime ; • activités de classe menant à des changements d'endroit ou d'équipe ; • rôle de responsable du matériel ; • activités basées sur les structures coopératives : en file (page 92), trouve quelqu'un qui (page 100), promenade de connaissances (page 104).
Musicale / rythmique L'élève est sensible à la mélodie et au rythme. Sa compréhension et sa mémoire sont stimulées par la musique. Il aime et comprend la musique, et l'utilise pour apprendre et pour comprendre. Traditionnellement, l'école confine les activités favorisant ce type d'intelligence aux cours de musique.	Dans une classe coopérative, les élèves peuvent se servir de la musique individuellement ou en équipe de différentes façons. • utilisation de techniques mnémoniques basées sur le rythme, avec développement et répétition en équipe ; • utilisation de chansons pour illustrer certains concepts. Les coéquipiers peuvent chercher des titres illustrant des concepts. L'enseignant peut permettre l'écoute de musique ou la lecture de paroles de chansons ; • lecture de poèmes à voix haute en équipe ; • utilisation de musique d'époque pour situer des événements dans le temps ; • utilisation de musique d'autres pays pour situer géographiquement des événements ; • utilisation de musique de fond pour augmenter la relaxation et la productivité.
Interpersonnelle L'élève est sensible aux réactions et aux besoins des autres. Il trouve agréable et facile d'apprendre avec les autres. Il a besoin de reformuler les idées et d'entendre les autres les reformuler pour mieux comprendre. Il utilise les idées des autres comme tremplin à ses propres découvertes. Il facilite les relations interpersonnelles et utilise l'humour de façon appropriée pour désamorcer les conflits.	Toutes les activités coopératives favorisent ce type d'intelligence. • rôles d'animateur, de vérificateur, de responsable de l'encouragement, de responsable du silence, etc.

(Voir la suite page suivante)

Tableau 2.1 (suite)

Caractéristiques de l'élève selon l'intelligence dominante	Suggestions d'activités coopératives
Intrapersonnelle L'élève a besoin de réfléchir longuement pour bien saisir. Il n'aime pas être dérangé pendant qu'il réfléchit. Il perçoit bien ses émotions et ses besoins en termes d'apprentissage. Il est fort en métacognition et en abstraction, et se concentre facilement quand il est seul.	En classe coopérative, l'élève risque d'être parfois dérangé. Il est primordial de structurer les étapes du travail de façon à permettre une réflexion individuelle préparatoire ; une réflexion individuelle est aussi nécessaire lors de l'intégration des connaissances. L'élève ressent le besoin de procéder à une réflexion critique. • utilisation du contrat d'équipe mentionnant les buts individuels de chaque membre ; • activités basées sur des structures coopératives : 1-2-3 et 1-2-3-4 (page 87).
Naturaliste L'élève observe des détails et perçoit des changements dans son environnement physique. Il a une grande capacité d'observation et peut se rappeler nombre de détails et de nuances. Il est sensible aux sons et aux éléments physiques de l'environnement. Il s'intéresse souvent à la nature.	• projets coopératifs basés sur l'observation ou sur la cueillette des données ; • expériences scientifiques ; • comparaison de résultats et de processus ; • utilisation du journal d'apprentissage ; • réflexion critique et objectivation de concepts ; • rôles d'observateur et de responsable du journal de bord de l'équipe.

FIGURE 2.2 Concepts principaux du chapitre 2

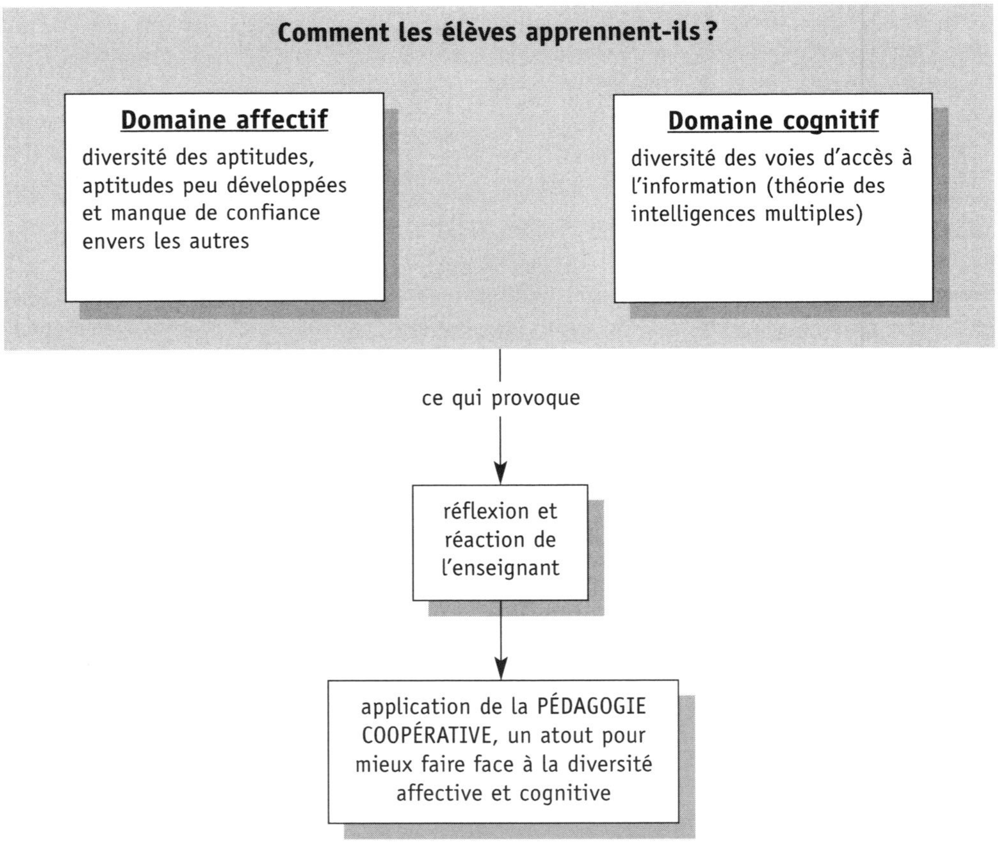

Comment les élèves apprennent-ils ?

Domaine affectif
diversité des aptitudes, aptitudes peu développées et manque de confiance envers les autres

Domaine cognitif
diversité des voies d'accès à l'information (théorie des intelligences multiples)

ce qui provoque

réflexion et réaction de l'enseignant

application de la PÉDAGOGIE COOPÉRATIVE, un atout pour mieux faire face à la diversité affective et cognitive

Comment enseigner pour que les élèves apprennent?

Chapitre 3

▶ Comment puis-je intégrer le facteur de l'émotion à mon enseignement?

▶ Quel pourcentage de mon cours dois-je consacrer à l'enseignement magistral?

▶ Comment puis-je établir des liens entre le contenu du cours et des situations concrètes?

▶ Comment m'assurer que les élèves pourront apprendre la matière grâce à un processus de découverte?

Pendant longtemps, les enseignants se sont posé la question suivante : « Comment se fait-il que mes élèves n'apprennent pas ce que je leur enseigne ? » Michel Saint-Onge[1], dans un ouvrage dont le titre exprime une préoccupation similaire, analyse les conditions dans lesquelles s'effectue l'apprentissage au collégial. Conscients que l'élève est au cœur du processus d'apprentissage, d'une part, et soucieux de tenir compte des exigences de la réforme de l'éducation, d'autre part, les enseignants commencent maintenant à fonder leur enseignement sur l'apprenant plutôt que sur le programme. S'agit-il simplement de concentrer son attention sur les élèves pendant la présentation d'un cours ? Certainement pas ! Après avoir compris les concepts relatifs aux méthodes d'apprentissage, l'enseignant doit restructurer le plan de ses cours et adapter son enseignement aux besoins de ses élèves. L'enseignement est une des tâches les plus complexes qu'on puisse imaginer parce qu'il doit agir sur l'un des phénomènes les plus compliqués de la nature : l'esprit humain.

Une approche constructiviste de l'apprentissage

La théorie constructiviste de l'enseignement (Marzano, et autres, 1992, et Tardif, 1992) exerce une certaine influence sur les changements actuels en éducation. Les constructivistes mettent l'accent sur la compréhension des processus mentaux et définissent le processus d'apprentissage comme une construction logique par la réflexion et l'entraînement de l'esprit. Il s'agit donc, d'abord et avant tout, de redéfinir le rôle de l'élève, qui est maintenant perçu comme un élément actif dans le processus d'acquisition de connaissances et d'habiletés. On ne considère plus que l'apprenant doit recevoir passivement l'information. Au contraire, il doit dorénavant prendre une part active au processus qui consiste à organiser ses connaissances, à les mémoriser et à les utiliser de façon pertinente. Ce processus, passablement complexe, doit être structuré par l'enseignant, à qui incombe la responsabilité d'établir les conditions idéales favorisant l'apprentissage. Dans un tel modèle, l'enseignant constitue peut-être toujours une source d'information privilégiée par l'élève mais, d'abord et avant tout, il joue un rôle de « facilitateur » pendant que l'élève établit des liens cognitifs lui permettant d'acquérir un bagage de connaissances. En d'autre termes, vous devez amener l'élève à travailler activement de manière à ce qu'il intègre dans ses connaissances la matière à l'étude.

L'enseignement est une des tâches les plus complexes qu'on puisse imaginer parce qu'il doit agir sur l'un des phénomènes les plus compliqués de la nature : l'esprit humain.

Peu importe que vous donniez des cours plus ou moins techniques, pour être efficace, vous devez concentrer votre attention sur les élèves et analyser leurs processus d'apprentissage. Pour bien étayer notre propos, nous devons maintenant établir des liens explicites entre les différentes dimensions de l'apprentissage et l'enseignement au collégial. La figure 3.1 illustre l'interdépendance de ces éléments.

---

1. Michel ST-ONGE, 1992, *Moi j'enseigne, mais eux apprennent-ils ?* Laval, Beauchemin.

1 Création d'un climat affectif propice à l'apprentissage

2 Acquisition et intégration des connaissances

3 Approfondissement du savoir

4 Utilisation concrète des connaissances

5 Développement d'habitudes mentales productives

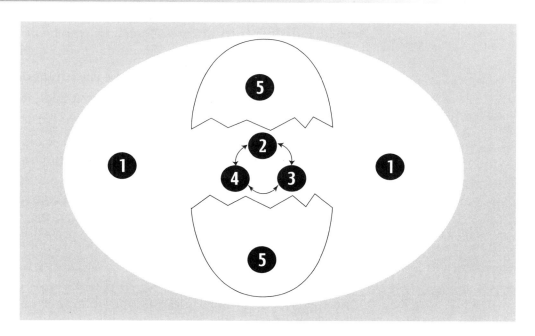

1re dimension : la création d'un climat affectif propice à l'apprentissage

Il faut se demander ce qui pousse les élèves à apprendre...

Comme l'élève est un agent actif dans le processus d'apprentissage, il faut en premier lieu se demander s'il est motivé. Les éducateurs du monde entier sont inlassablement en quête d'une façon de motiver leurs élèves. Fort heureusement, les recherches en psychologie cognitive leur fournissent un certain soutien. Une des découvertes les plus importantes dans ce domaine montre que tant les attitudes et les perceptions positives d'un individu par rapport à son propre apprentissage que le milieu dans lequel se fait cet apprentissage influencent les résultats du processus d'apprentissage. Si un élève perçoit ses habiletés de façon négative, il agira de manière à confirmer cette impression. On parle alors de **prophéties auto-actualisantes**. Selon Glasser (1997), en tant qu'apprenants, nous jugeons continuellement ce que nous faisons en fonction de notre système de croyances. Ce filtre est si puissant que, parfois, des apprenants essaient de changer le monde extérieur pour qu'il corresponde à leurs croyances. Par exemple, les personnes convaincues que les vendredis 13 sont des jours qui portent malchance auront tendance à interpréter certains événements comme étant le résultat du mauvais sort.

En outre, un individu peut aussi agir de façon à valider sa perception de la réalité. Par exemple, si un élève se perçoit comme un indésirable parmi ses pairs, il agira de manière à se rendre indésirable. Il est bien connu que l'image qu'on a de soi a un effet décisif sur le comportement.

Favoriser une image positive

Les enseignants efficaces contrebalancent les perceptions négatives que certains élèves entretiennent d'eux-mêmes en établissant un climat dans lequel l'anxiété est faible et les attentes élevées. Ils emploient différents moyens pour renforcer l'estime de soi de leurs élèves, dont voici quelques exemples :

- ne jamais oublier de saluer les élèves en entrant dans la classe ;
- reconnaître les élèves dans les corridors et à la cafétéria ;
- adresser la parole aux élèves en les appelant par leur nom ;
- s'intéresser aux élèves comme individus, en se rappelant des données qui les concernent et en s'enquérant de leur bien-être, sans manquer de délicatesse à leur égard ;
- prêter attention à tous les élèves durant un cours magistral ;
- regarder chaque élève dans les yeux en classe ;
- accorder aux élèves du temps pour réfléchir avant qu'ils ne répondent à une question ;
- trouver des justifications aux mauvaises réponses ;
- répéter ou reformuler une question plutôt que de souligner une erreur ;
- fournir de l'aide si nécessaire ;
- permettre, autant que possible, aux élèves de travailler sur des objectifs qu'ils se sont fixés ;
- attribuer de temps à autre des notes à l'amélioration plutôt qu'à la réussite.

Certains enseignants ont le sens de l'humour, un atout qui favorise l'établissement d'un climat de détente et, par conséquent, l'attention. En se servant de l'humour, on fait appel à l'état affectif le plus élevé, soit celui de la joie ou du bonheur. L'humour est une façon de déceler l'inattendu dans quelque chose de banal. Une utilisation subtile de l'humour peut donc détendre l'atmosphère et raviver l'attention. Mais c'est une forme d'ouverture d'esprit qui ne doit jamais s'exercer aux dépens de quelqu'un.

Favoriser les valeurs de la coopération

Le cerveau humain se compose principalement de trois éléments : le tronc cérébral, le système limbique et le néocortex (MacLean, 1990, et Sylwester, 1995). Bien qu'elles aient chacune un rôle spécifique, ces trois composantes sont interdépendantes.

Le *tronc cérébral* est étroitement lié à la survie physique. Il commande les fonctions de base de l'organisme. C'est grâce à lui que notre cœur bat et que nos poumons respirent. Il est également responsable du comportement « de lutte ou de fuite ». Le *système limbique* constitue la partie médiane du cerveau. Il contient le principal centre des émotions et l'une de ses parties les plus importantes, l'hippocampe, joue un rôle central dans le processus de mémorisation. Par ailleurs, au moins 70 % des neurones du système nerveux central de l'être humain se situent dans le *néocortex*. Cette partie du cerveau commande le langage, l'écriture et le calcul, et nous permet de raisonner, de nous inquiéter et de faire des plans pour l'avenir.

En matière d'enseignement, cette division du cerveau a trois implications principales :

- Les stimuli sensoriels sont transmis au néocortex par le système limbique ; par conséquent, ce dernier système exerce une grande influence sur ce à quoi nous prêtons attention et sur ce qui nous paraît important.
- On ne peut séparer l'émotion de la connaissance. Il n'y a pas de mémoire possible sans une émotion quelconque. Autrement dit, la matière enseignée doit avoir un sens pour l'élève.
- Sous l'influence du stress, le système limbique réduit considérablement ses activités. L'être humain régresse donc vers un comportement plus primitif où ses réactions deviennent plus automatiques et moins nombreuses ; sa capacité d'avoir une pensée rationnelle et créatrice est alors amenuisée.

Dans une classe où l'on applique la coopération, la proximité d'un pair est susceptible d'accroître l'anxiété qu'un élève ressent devant une tâche scolaire. Autrement dit, le travail en équipe peut être perçu comme une menace en l'absence de certaines conditions, notamment celles relatives au développement de valeurs coopératives telles que la confiance et l'ouverture aux autres. Il s'agit de conditions qui doivent être remplies avant que ne soit donnée une tâche scolaire à effectuer en collaboration avec des pairs (voir chapitre 1, page 3). Toutefois, lorsque la première dimension de l'apprentissage – soit le changement des attitudes et des perceptions – est complétée, les élèves sont beaucoup plus motivés à effectuer des tâches en coopération. Ils ont alors l'assurance que l'effort de l'équipe sera fondé sur des valeurs d'entraide et de soutien mutuel plutôt que sur des valeurs compétitives (Johnson et Johnson, 1989).

Le développement d'un climat propice à la coopération dans la classe et à l'intérieur des équipes de travail se fait grâce à des activités précises que vous pouvez vous-même structurer. Ces activités mènent au développement d'un esprit de classe et d'un esprit d'équipe (voir page 7, et chapitre 6).

Des activités qui favorisent la création d'un climat affectif propice à l'apprentissage

Durant le premier cours, vous pouvez utiliser la structure « 1-2-3 » (page 87) et poser aux élèves la question suivante : « Qu'est-ce qui vous inquiète le plus relativement à ce cours ? » Vous devez ensuite inviter les élèves à réfléchir et à discuter avec un pair. Au cours de la séance plénière, notez les réponses des élèves sur une feuille et répondez à leurs questions une à la fois. Vous devez conserver cette feuille de façon à pouvoir vous y référer tout au long du cours. D'autres activités fondées sur les structures « trouve quelqu'un qui... » (page 100), « en file » (page 92) et « coins » (page 99) peuvent être utilisées.

L'inventaire personnel est une autre activité qui sensibilisera les élèves aux bons côtés du caractère hétérogène d'un groupe. Vous n'avez qu'à demander aux élèves comment ils croient pouvoir personnellement contribuer au succès de leur équipe. Chaque élève doit alors réfléchir à ses compétences et ses expériences puis noter ses réflexions. L'exercice est fort productif et les élèves ne doivent pas avoir peur qu'on le perçoive comme une séance de flatterie collective !

2e dimension : l'acquisition et l'intégration des connaissances

Comment aider les élèves à se rappeler, tant aujourd'hui que plus tard, ce qu'ils ont appris ?

Les cégeps offrent aujourd'hui un large éventail de formations, répondant ainsi aux pressants besoins en spécialistes du marché du travail. Pour assurer une préparation optimale à vos élèves, vous devez donc évaluer l'importance relative des connaissances qu'ils doivent acquérir et des compétences qu'ils doivent développer, de façon à structurer convenablement votre enseignement. Par exemple, l'habileté nécessaire pour énumérer les différentes étapes d'un processus électoral diffère grandement de celle qui est requise pour mesurer le volume d'un objet de forme irrégulière. La première se fonde sur l'acquisition de connaissances déclaratives (mémorisation d'informations) tandis que la seconde relève de connaissances dites procédurales (application de techniques).

Par le passé, les programmes d'études préuniversitaires ont eu pour principal but de permettre aux élèves d'acquérir des données. La récente réforme de l'éducation vise plutôt la mise en application des connaissances. Dans le contexte actuel, pour préparer vos élèves à accéder au marché du travail, vous devez leur enseigner les procédés requis pour acquérir une spécialité (connaissances procédurales), mais vous devez aussi vous assurer qu'ils comprennent bien les concepts de base sur lesquels s'appuient ces procédés (connaissances déclaratives). Mais comment peut-on aider ses élèves à récupérer l'information stockée dans leur mémoire afin qu'ils puissent l'appliquer à de nouvelles situations ?

L'organisation des connaissances

Les connaissances et l'expérience des élèves influencent leur façon de traiter de nouvelles informations. Le modèle constructiviste définit en effet l'apprentissage comme un processus interactif par lequel nous donnons un sens personnel à une nouvelle information avant de l'incorporer aux connaissances que nous avons déjà acquises pour ainsi obtenir une nouvelle entité. Une connaissance mal acquise antérieurement peut donc infirmer tout nouvel apprentissage. Par contre, une connaissance exacte déjà acquise peut accroître les possibilités d'apprentissage (qu'il s'agisse de connaissances déclaratives ou procédurales) en donnant un sens aux nouvelles connaissances et en facilitant leur mémorisation à long terme.

En coopération les élèves découvrent parfois que leurs points de vue divergent, qu'ils ne comprennent pas la matière de la même façon. Ils sont alors forcés d'analyser les idées exprimées au sein de l'équipe pour leur donner une signification.

En apprentissage coopératif, vous disposez d'une multitude de méthodes pour réactiver de façon structurée les connaissances antérieures des élèves portant sur la matière enseignée (par exemple, la structure « 1-2-3-4 », page 87). Grâce à ce processus de réactivation, les élèves découvrent parfois que leurs points de vue divergent, qu'ils ne comprennent pas la matière de la même façon. Ils sont alors forcés d'analyser les idées exprimées au sein de l'équipe pour leur donner une signification. Ils discutent de la matière, font des liens entre les notions, s'interrogent et repensent certains concepts. La coopération leur permet de progresser. Ils deviennent des apprenants actifs et motivés.

Il faut souvent un certain temps et de la mise en pratique avant que la nouvelle notion ainsi acquise soit véritablement intégrée. Bon nombre d'élèves gagnent à organiser leurs nouvelles connaissances dans des schémas (voir « La schématisation collective », page 107) qui mettent l'accent sur les notions importantes et sur les liens existant entre elles. Ces notions s'ancrent alors mieux dans leur mémoire.

Il faut comprendre que, au cours du processus d'apprentissage, les anciennes connaissances sont examinées, réorganisées et redéfinies. Ce qui est bien assimilé se transforme en connaissances antérieures pour l'unité de connaissance suivante. À l'intérieur des équipes coopératives, les élèves ont amplement l'occasion d'explorer les liens entre les notions, de comparer des modèles mentaux et de se constituer des idées communes grâce à des discussions en profondeur. Dans le cas des connaissances procédurales, les membres de chaque équipe appliquent les procédés à l'étude, discutent des stratégies qu'ils emploient et les évaluent pour augmenter leur stock de stratégies possibles.

Il arrive que ce processus amène les élèves à découvrir des liens encore inconnus de leur enseignant entre les concepts ou entre les procédés, mais qui n'en sont pas moins valables et utiles. Encore une fois, la présence des pairs constitue une puissante stimulation à l'apprentissage.

Enfin, mes élèves comprennent la matière et ils l'ont mémorisée. Sont-ils prêts à passer à l'évaluation pour autant ?

Exemples d'activités qui favorisent l'acquisition et l'intégration de connaissances

- Pour réactiver des connaissances antérieures, vous pouvez employer la structure « graffiti » (pages 93 et 94).
- Pour la construction des connaissances et leur transfert dans la mémoire à long terme, référez-vous à la structure « schématisation collective » (page 107).

3ᵉ dimension : l'approfondissement du savoir

Prendre conscience d'un concept, est-ce suffisant pour le comprendre ?

Souvent les élèves croient qu'il suffit de connaître un concept pour bien le maîtriser, mais bien peu d'entre eux peuvent vraiment répondre aux questions du type : « À quoi sert cette notion ? », « Comment puis-je l'utiliser ? », « Puis-je créer des liens avec mon vécu quotidien ? », etc.

Si vous voulez que vos élèves puissent se servir des concepts qu'ils ont appris dans votre cours, vous devez leur fournir l'occasion de les envisager de différents points de vue. Il existe plusieurs manières d'organiser une matière sur le plan cognitif de façon à favoriser un plus haut niveau de compréhension. Le tableau 3.1 présente huit suggestions d'opérations cognitives et des questions qui y correspondent (Marzano, et autres, 1992).

TABLEAU 3.1
OPÉRATIONS COGNITIVES POUVANT FACILITER LA COMPRÉHENSION APPROFONDIE DE LA MATIÈRE

Opération cognitive	Exemples de questions	Exemples appliqués à une discipline
Comparaison	• Quelles sont les ressemblances entre ces éléments ? Quelles sont leurs caractéristiques communes ? • Quelles sont les différences entre ces éléments ? Quelles sont les caractéristiques qui les différencient ?	**Chimie :** • Quelles différences y a-t-il entre ces deux isomères ? • Par quelle réaction A pourrait-il se distinguer de B ? **Philosophie :** Dressez la liste des ressemblances entre ces deux écoles de pensée.

(Voir la suite page suivante)

Tableau 3.1 (suite)

Opération cognitive	Exemples de questions	Exemples appliqués à une discipline
Classification	• Dans quelles catégories pourrait-on ranger ces éléments? • Décrivez chacune des catégories.	**Botanique:** • Voici dix feuilles. À l'aide de quelles caractéristiques pouvez-vous les classer? • Trouvez autant de formes de classification que possible.
Induction (faire des généralisations)	• Quelles conclusions peut-on tirer des observations ou des données suivantes? • Quelle généralisation peut-on faire en se basant sur cet énoncé? • Quelle est la probabilité qu'une telle chose se produise?	**Géographie:** Pouvez-vous prédire la direction des vents dominants dans l'hémisphère sud d'après la direction de la rotation de la Terre?
Déduction (conclure une chose non énoncée mais démontrable)	• Quelle prédiction vérifiable peut-on faire en se basant sur le principe suivant? • Si la proposition suivante est vraie, que se passera-t-il? • Sur quelles hypothèses peut-on fonder cette conclusion?	**Zoologie:** Supposons qu'on place dans le même réservoir cinq saumons adultes tirés de cinq rivières. Les saumons ont accès à cinq conduits les menant à un réservoir rempli d'une eau provenant de leur rivière natale respective. Prédisez dans lequel des cinq conduits les saumons vont s'engager.
Analyse d'erreur	• En quoi ce renseignement est-il trompeur? • Quelles sont les erreurs contenues dans cet énoncé? • Comment pourrait-on rendre cet énoncé vrai?	**Histoire:** Sur le réseau de concepts qui représente l'histoire politique du Québec contemporain, repérez les concepts reliés par erreur et faites les corrections requises.
Élaboration d'arguments	• Quel argument peut-on formuler en faveur de cette revendication? • Sur quelle preuve cette revendication est-elle basée? • Quels sont les exemples qui peuvent servir à illustrer cette revendication? • Quelles sont les limites de cet argument?	**Sciences humaines:** Lisez ces deux textes, l'un en faveur du maintien de la chasse à la baleine par les autochtones, l'autre, contre. Analysez ces textes et recherchez des arguments basés sur: a) l'émotion; b) la tradition; c) la rhétorique; d) la logique; e) des preuves.
Abstraction	• Quelle structure générale sous-tend ces informations? • À quelles autres situations peut-on appliquer cette structure? • Quelle métaphore pourrait s'appliquer à cette situation?	**Administration:** Quelles ressemblances y a-t-il entre le fonctionnement d'une entreprise et celui d'une cellule familiale?
Analyse de perspectives	• Quelles sont vos réactions émotives relativement au fait décrit? • Quelle valeur ce concept représente-t-il? • Quelle valeur est opposée à ce concept? • Sur quel raisonnement pourrait-on fonder cette valeur contradictoire et l'énoncé qui la représente?	**Sciences infirmières:** En tant qu'infirmière, êtes-vous pour ou contre les grèves décrétées par les syndicats? Expliquez votre position en fonction de vos valeurs et des données présentées par les deux parties. Quels seraient les arguments contraires?

Répondre à des questions semblables à celles du tableau 3.1 permet souvent aux élèves d'atteindre un niveau élevé de connaissances et d'analyse. Les structures et stratégies coopératives permettent aux élèves d'utiliser des opérations cognitives d'un niveau avancé, comme celles du tableau 3.1. L'utilisation efficace d'un bon nombre de ces habiletés, telles la comparaison, la classification et l'analyse de perspectives, n'est cependant possible que dans le cas où les points de vue de différents individus sont confrontés. Certaines habiletés, comme l'élaboration d'arguments ou l'analyse d'erreur, peuvent requérir la recherche d'un compromis entre pairs sur les points de vue exprimés. Un des moyens d'atteindre un niveau d'apprentissage plus avancé est donc de poser des questions complexes aux élèves et de les laisser réfléchir par eux-mêmes. L'apprentissage est encore intensifié si, entre pairs :

- ils reformulent la question en leurs propres mots (« L'enseignante veut savoir en quoi le fonctionnement d'une cellule ressemble à celui de tout l'organisme. ») ;

- ils définissent l'habileté à exercer (« Nous devons concevoir une abstraction. Rappelez-vous – c'est comme trouver une métaphore. Révisons d'abord les différents processus qui ont lieu dans la cellule… ») ;

- ils consacrent un certain temps au travail individuel avant de comparer leurs réponses ;

- ils décident ensemble d'une réponse commune.

Une stratégie bien connue dans le cadre de l'apprentissage coopératif consiste à susciter une controverse créative (voir page 110). Elle permet de développer l'habileté d'analyser des perspectives – la sienne propre et celle d'un pair – puis de défendre des arguments par des affirmations basées sur la logique, l'évidence et des valeurs.

Des pistes de travail pour favoriser l'approfondissement du savoir

Beaucoup d'enseignants se demandent si le développement d'habiletés cognitives de niveau supérieur vaut le temps et les efforts qu'on doit y consacrer. À cette question, nous répondrons qu'on n'a rien sans rien. Vos élèves et vous devrez consacrer plus d'efforts à l'apprentissage, mais pas nécessairement beaucoup plus de temps. Dans la planification de l'enseignement d'un module, par exemple, il suffit de remplacer des exercices de récapitulation simples par des questions d'un niveau plus avancé.

Comment employer les opérations cognitives décrites précédemment dans un module d'étude ? Le tableau 3.2 (voir page 58) est un exemple d'élaboration des questions d'approfondissement à poser aux élèves, dans le cadre d'un cours d'histoire.

TABLEAU 3.2

EXEMPLE D'ÉLABORATION DE QUESTIONS D'APPROFONDISSEMENT
DANS LE CADRE D'UN COURS D'HISTOIRE

Thème	Comparaison	Abstraction	Analyse de perspectives
Institutions du Moyen Âge	Quelle est la différence entre le rôle de l'Église et celui du seigneur féodal?	Quels éléments d'un système fortement hiérarchisé peut-on observer dans les institutions modernes?	Imaginez-vous dans la situation d'un serf. Si vous aviez l'occasion de plaider votre cause, quels arguments présenteriez-vous pour convaincre votre seigneur de diminuer votre corvée à trois jours par semaine?

Dans une classe coopérative, vous pouvez organiser la période de cours de manière à permettre aux élèves de faire des recherches pour répondre à chacune de ces questions, puis les inviter à comparer leurs réponses au sein de leur équipe. Une nouvelle question, qui aura reçu l'aval de tous les membres, ressortira de leur discussion.

Le produit final peut, sans que cela soit une nécessité, inclure des éléments des réponses de départ. Il arrive fréquemment que, lorsque les élèves discutent des sujets proposés, ils se servent des idées des uns et des autres pour élaborer des façons de concevoir les choses entièrement nouvelles auxquelles ils n'auraient jamais pensé sans cet échange formateur entre apprenants.

4ᵉ dimension: l'utilisation concrète des connaissances

Bien que la dimension d'approfondissement donne lieu à des exercices cognitifs de type intellectuel fort intéressants, son contenu demeure essentiellement d'ordre scolaire. Or, dans la vie courante, l'acquisition de connaissances ne se fait pas seulement de cette façon. À l'école, les élèves acquièrent des habiletés d'apprentissage qui leur permettent de chercher et de trouver la bonne réponse à une question ou d'apprendre un procédé dont ils ont besoin. Même si les collèges offrent un enseignement à la fois général et professionnel, leurs diplômés, dès qu'ils obtiennent un emploi, ont encore beaucoup à apprendre sur les façons de procéder en usage dans leur milieu de travail. L'apprentissage se fait alors en fonction d'une tout autre motivation que le plaisir d'apprendre: le travailleur veut s'intégrer dans son nouveau milieu et être plus efficace. Son apprentissage passe alors souvent par l'action: il observe ses collègues, il expérimente.

Pour être sincère, jamais je ne consulterais le guide d'utilisation de mon ordinateur si je n'avais pas à utiliser quotidiennement cet outil de travail. L'utilisation concrète de mes connaissances motive mon apprentissage. C'est la même chose pour mes élèves.

Par exemple, au cours des trois années de leur programme d'études, les futurs techniciens en radiologie n'ont pas de patient devant eux et les futurs travailleurs sociaux n'ont pas à se préoccuper d'un adolescent aux tendances suicidaires enfermé dans une salle de bains. Toutefois, les élèves ont l'occasion de faire des études de cas, des simulations ou des stages qui leur permettent d'envisager le travail exigé par leur enseignant d'un angle nouveau.

Il est donc possible de créer un milieu d'apprentissage qui élève le besoin d'acquérir des connaissances et des habiletés pour des raisons pratiques. L'apprentissage peut alors être orienté par le besoin d'utiliser ses connaissances de manière concrète. Il faut, par exemple, présenter le problème ou le cas à étudier au début du processus d'apprentissage et fournir aux élèves l'occasion de trouver des solutions tout en acquérant des connaissances.

De même, après avoir enseigné un sujet donné, vous pouvez consacrer un certain temps à des projets d'enrichissement que les élèves exploreront en petits groupes. Ce processus requiert du temps, c'est ce qui le différencie d'ailleurs de l'apprentissage traditionnel. Dans ces projets, les élèves n'apprennent pas de façon linéaire mais en spirale, afin de trouver une solution satisfaisante au problème abordé.

Des activités qui favorisent l'utilisation concrète du savoir

Planifier son enseignement de manière à ce que l'apprentissage des élèves soit enrichissant pour eux requiert temps et travail, mais le résultat en vaut la peine. Même si les activités décrites ci-dessous n'ont lieu qu'à de rares occasions au cours d'une session, elles permettront aux élèves de développer les habiletés inscrites dans le programme de formation. L'expérience directe est un moyen efficace, et pourtant très peu employé à l'école, d'accéder aux différents modes d'apprentissage (voir «Les divers modes d'apprentissage...», page 43). L'exploration structurée de façon coopérative est une des meilleures manières de se servir de ses connaissances de façon pertinente et de conserver les habiletés acquises pour la vie.

La prise de décision Ce procédé est courant dans la vie de tous les jours. Il peut aussi servir à améliorer l'apprentissage en classe. Des interrogations comme «Quelle est la meilleure manière de...?» ou «Quel élément serait le plus efficace dans telle situation?» constituent des méthodes de réflexion qui stimulent la prise de décision. Voici quelques exemples de ce type de questions: «L'association des élèves devrait-elle adopter la proposition A ou la proposition B?»; «Devrait-on consacrer plus d'argent provenant des impôts aux subventions aux entreprises de recyclage?» La réponse requiert une recherche et une synthèse.

L'enquête Cette activité permet aux élèves de chercher des renseignements qui leur serviront à élaborer une définition valable d'un concept, à trouver une information particulière avec documents à l'appui ou à faire une projection d'après des données vérifiées (voir «enquête en équipe», page 112).

Ce processus se différencie de l'application d'habiletés cognitives de niveau supérieur décrite dans la troisième dimension par le fait que l'enquête est guidée par des besoins perçus tandis que, dans le cas de l'application des habiletés, l'orientation de la recherche est imposée par l'enseignant. L'enquête a généralement pour point de départ une question posée par un élève pendant l'étude d'un sujet quelconque. Selon l'intérêt manifesté par les élèves et leur degré de participation, l'enseignant décide de consacrer ou non du temps à l'exploration de cette question en petits groupes. Il doit aider les équipes à délimiter les sujets secondaires et les tâches à effectuer, et à répertorier les ressources disponibles. Enfin, il devra réfléchir au processus d'évaluation à employer avec ce type de travail. L'enquête est fondée sur le besoin d'éclaircir certains points confus ou d'apparentes contradictions. Voici quelques exemples de sujets de recherche :

- Les tendances en matière de développement dans un secteur déterminé de la ville au cours des 20 prochaines années.
- Les facteurs historiques qui ont mené à la situation actuelle en Europe centrale.

La recherche expérimentale   Ce processus est employé par les scientifiques modernes pour établir des généralisations concernant des phénomènes observables. Dans les cours de sciences, on enseigne souvent des habiletés comme l'observation, l'analyse, l'élaboration d'hypothèses, l'expérimentation et la conclusion par déduction. Il est possible de structurer l'apprentissage dans d'autres domaines en utilisant ces outils de la recherche expérimentale :

Les réactions des êtres humains, par exemple, constituent des sujets possibles pour de telles expériences en sociologie, en psychologie et même en histoire et en littérature. Voici deux exemples de sujets en recherche expérimentale :

- Les élèves élaborent des expériences pour déterminer quelles sont les meilleures conditions pour faire pousser un type particulier de moisissure.
- Les élèves testent différentes aides visuelles pour trouver celle qui optimiserait l'apprentissage chez l'individu.

La résolution de problèmes   Ce processus consiste en l'atteinte d'un objectif par les élèves après qu'ils ont surmonté certains obstacles. Construire une structure à l'intérieur d'une bouteille de boisson gazeuse, passer une journée sans électricité au milieu de l'hiver, se rendre à l'école pendant une grève des employés du transport en commun sont des activités qui requièrent l'élaboration d'un plan comportant des étapes. Il s'agit de déterminer un objectif, d'identifier la contrainte et de trouver divers moyens d'atteindre l'objectif fixé. Les gens les plus doués en résolution de problèmes sont ceux qui savent se débrouiller avec un grand nombre de contraintes. Voici deux exemples d'activités requérant le processus de résolution d'un problème :

- Trouver des méthodes plus originales pour recueillir des données ou des renseignements que la prise de notes ou la lecture des ouvrages fournis par l'enseignant.
- Résoudre un problème posé dans l'épreuve synthèse.

L'invention   Ce processus consiste à élaborer ou à améliorer un produit ou un service vraiment nécessaire dans une situation donnée. Bien souvent, les inventeurs peuvent établir leurs propres normes, car on ne leur impose pas de contraintes précises. La création d'un nouveau logiciel (ou de ses composantes), la conception d'un organisme de services sociaux plus efficace, celle d'un système d'enseignement individualisé dans un collège, l'élaboration d'un nouveau système de catalogage de documents historiques constituent autant d'exemples de tâches qui entrent dans cette catégorie.

5ᵉ dimension: le développement d'habitudes mentales productives

En 1999, l'un des plus grands concepteurs de logiciels du monde est menacé par Linux – un système créé en coopération par des dizaines de milliers de programmeurs, qui consacrent bénévolement une partie de leur temps à l'améliorer à l'aide d'Internet. Dans cette lutte, la coopération mène 1 à 0 sur la compétition. Vive la résolution de problèmes synergique au XXIᵉ siècle!

Comment se fait-il que certains individus réussissent à se surpasser et à produire des choses exceptionnelles? Les gens ordinaires peuvent-ils eux aussi accomplir des exploits peu communs?

Tout le monde a lu ou a entendu l'histoire d'une personne dont les chances de réussite, au départ, étaient faibles, mais qui l'emporte pourtant sur ses adversaires à la fin. Les gens qui ont créé et perfectionné le système Linux (voir le témoignage ci-dessus) sont des concepteurs de logiciels, sans plus. Qu'est-ce qui les distingue des gens ordinaires? La motivation, peut-être? Pourtant, elle ne peut être considérée que comme le facteur initial. Ce qui s'est produit par la suite doit être divisé en différentes composantes: la persévérance, la planification, une utilisation judicieuse des ressources disponibles, la recherche de solutions originales, la confiance en soi, une attention particulière à la rétroaction et le respect de ses propres normes. Toutes ces habitudes mentales ont permis à ces gens d'atteindre leur objectif. Il est possible d'enseigner ces habitudes productives aux élèves, mais il ne faut pas compter sur le soutien de la société pour y arriver. Trop souvent, ces comportements ne sont pas valorisés. En effet, selon certains chercheurs (Marzano, et autres, 1992), un très petit nombre de personnes se comporte de cette façon régulièrement. Pourquoi alors faudrait-il aider les élèves à développer ces habitudes? D'abord, parce qu'elles peuvent leur servir à devenir de remarquables apprenants, ensuite parce qu'ils seront peut-être en mesure un jour, grâce à elles, de faire quelque chose d'extraordinaire en résolvant leurs propres problèmes, en surmontant des épreuves ou en contribuant au bien-être de leur collectivité.

L'autodiscipline, la pensée critique et la pensée créatrice

Les habitudes mentales productives peuvent être regroupées en trois catégories: celles relevant de l'autodiscipline, celles relevant de la pensée critique et celles permettant le développement de la pensée créatrice.

L'**autodiscipline** inclut des habitudes mentales telles que:
- avoir conscience de ses propres pensées;
- planifier des tâches et organiser des ressources;
- être sensible à la rétroaction des enseignants et des pairs;
- évaluer sa propre efficacité;
- faire preuve d'empathie, d'ouverture d'esprit, etc.

La **pensée critique** suppose les habitudes mentales suivantes:
- rechercher la précision, l'exactitude;
- communiquer de façon claire;
- avoir conscience des perceptions de ceux qui nous écoutent;

- faire preuve d'ouverture d'esprit ;
- prendre le temps de réfléchir, persévérer.

La **pensée créatrice** se développe grâce aux habitudes mentales suivantes :

- persévérer malgré les difficultés ;
- réfléchir ;
- accroître sans cesse ses connaissances et ses habiletés ;
- respecter ses propres normes ;
- envisager chaque problème sous un angle nouveau, parfois non conventionnel.

Plusieurs enseignants peuvent se sentir impuissants ou sceptiques en lisant cette longue liste d'habitudes mentales. Leur première réaction sera souvent de dire : « Il est impossible de développer de telles habitudes chez mes élèves ; le type d'élèves qui fréquentent mes cours et la matière que je leur enseigne ne s'y prêtent pas. »

Évidemment, il faut satisfaire à certaines conditions avant d'essayer d'inciter les élèves à persévérer dans leur travail, à mémoriser ce qu'ils apprennent et à dépasser leurs propres capacités et les moyens d'apprentissage ordinaires. Pour bien enseigner ces habitudes mentales, vous devez comprendre qu'il est extrêmement important de donner à vos élèves des exemples des manières dont ils peuvent les utiliser. Votre rôle consiste à fournir des exemples puis à structurer la **métacognition** pour être en mesure de préciser la nature des habitudes qui ont été employées dans une activité donnée et d'expliquer quand et comment elles ont influé sur les résultats de cette activité. L'élève pourra ainsi prendre conscience des techniques et des stratégies qu'il utilise, et des habitudes mises en application durant l'activité. Il pourra par la suite mieux évaluer leur utilité et modifier au besoin son attitude par rapport à ces techniques. Comme il est difficile de réfléchir et de juger simultanément du type de réflexion dans lequel on est engagé, vous pouvez suggérer à l'élève de tenir un journal d'apprentissage dans lequel il notera des observations précises à intervalles réguliers. Naturellement, la tâche devient plus facile lorsque l'apprentissage est fait dans un contexte de coopération : un observateur peut alors noter l'occurrence de comportements spécifiques qui résultent d'habitudes mentales productives. La **rétroaction** est la dernière étape du développement de ces habitudes. Elle peut provenir d'un observateur de l'équipe ou de l'enseignant lui-même. Par exemple, vous pouvez entretenir un dialogue avec l'élève par l'intermédiaire de son journal d'apprentissage.

Planification d'un module d'enseignement tenant compte des dimensions de l'apprentissage

Vous pouvez vous servir d'au moins trois modèles d'enseignement fondé sur les dimensions de l'apprentissage pour planifier un module d'enseignement. Le choix du modèle dépend de ce sur quoi vous voulez et pouvez mettre l'accent dans votre cours. Vous devez vous rappeler, toutefois, que la création d'un climat affectif (1re dimension) et le développement d'habitudes mentales productives (5e dimension) sont toujours présents dans les activités d'apprentissage – qu'elles se tiennent à l'intérieur ou à l'extérieur de la classe. On trouve les cinq dimensions de l'apprentissage dans chacun des trois modèles, mais à des degrés divers.

1er modèle : mettre l'accent sur les connaissances

Si vous décidez que les connaissances déclaratives et procédurales (2e dimension) constituent les éléments centraux du module, vous devez choisir les activités d'approfondissement des connaissances appropriées (3e dimension). Dans ce cas, la mise en œuvre des dimensions 2 et 3 requerra beaucoup plus de temps et d'énergie que l'utilisation concrète des connaissances (4e dimension).

Voici les étapes d'application de ce modèle :

1. Cibler les connaissances déclaratives et procédurales comme objectifs d'apprentissage.
2. Planifier des activités d'approfondissement qui permettent à l'élève d'améliorer sa compréhension des connaissances ciblées.
3. Planifier des projets, fondés sur une tâche favorisant l'utilisation concrète des connaissances (4e dimension), qui consolident l'apprentissage et permettent d'effectuer des transferts de connaissances.

2e modèle : mettre l'accent sur l'exploration d'un sujet par les élèves

Si vous croyez qu'il est important que les élèves explorent les sujets pour lesquels ils éprouvent naturellement de l'intérêt, vous devez choisir ce modèle.

Dans ce modèle, les élèves consacreront plus d'énergie et de temps aux activités de la 4e dimension qu'aux autres activités.

Voici les étapes d'application de ce modèle :

1. Cibler des connaissances déclaratives et procédurales comme objectifs d'apprentissage.
2. Planifier des activités d'approfondissement des connaissances qui permettent à l'élève d'améliorer sa compréhension des connaissances ciblées.
3. Aider les élèves à choisir et à planifier des projets, fondés sur une tâche favorisant l'utilisation concrète des connaissances (4e dimension), qui consolident l'apprentissage et permettent d'effectuer des transferts de connaissances.

3e modèle : mettre l'accent sur des questions particulières

Si vous choisissez de mettre l'accent sur les applications concrètes des connaissances, dans les limites du domaine à l'étude, vous devez planifier votre enseignement en conséquence. Vous devez d'abord déterminer les projets qui conviennent à une exploration (4e dimension). Toutes les autres activités d'apprentissage doivent être structurées en fonction de ce choix de projets. La découverte par les élèves des connaissances déclaratives et procédurales (2e dimension) devient alors une conséquence secondaire de l'exploration. Avec ce modèle, le temps consacré à l'enseignement direct est relativement court. Les activités d'approfondissement des connaissances (3e dimension) sont peu nombreuses (lorsqu'il y en a) et découlent de l'exploration principale (voir « enquête en équipe », page 112).

FIGURE 3.2   **Un modèle renversant...**

Voici les étapes d'application de ce modèle :
1. Développer des questions qui illustrent bien le thème étudié et planifier les projets d'exploration (4e dimension).
2. Déterminer les connaissances déclaratives et procédurales (2e dimension) nécessaires à la réalisation des projets.
3. Déterminer, pendant le cours, les activités d'approfondissement des connaissances (3e dimension) qui permettront d'accomplir la tâche prévue.

Ce dernier modèle présente l'apprentissage comme une forme d'exploration et comporte un plan détaillé de toutes les activités d'enseignement de manière à fournir aux élèves les connaissances de base appropriées. Cette démarche n'est couramment employée que dans les cours qui comportent du travail en laboratoire ou sur le terrain. Certains départements organisent ce type d'études de cas dans leur épreuve de synthèse. Ce type de planification offre une vision non traditionnelle des politiques d'enseignement, comme l'illustre avec humour la figure 3.2.

Les dimensions de l'apprentissage et l'approche coopérative

La pédagogie coopérative propose des méthodes d'enseignement concrètes qui peuvent servir pour mettre en pratique les cinq dimensions de l'apprentissage. Elle permet aussi de déterminer la façon de former les équipes d'élèves, l'utilisation qu'on doit faire de ces équipes et la manière de structurer les activités en classe. Dans le tableau 3.3, nous vous suggérons des procédés à employer pour chacune des dimensions de l'apprentissage. Ce tableau reflète le contenu du premier modèle de planification présenté dans ce chapitre (page 63). Avec un peu d'imagination et de sens critique, vous pourrez adapter ces suggestions à votre type d'enseignement.

TABLEAU 3.3

LA CONSTRUCTION DU SAVOIR ET L'APPROCHE COOPÉRATIVE

Dimension	Technique d'enseignement
1. Création d'un climat affectif propice à l'apprentissage Création en classe d'un climat où l'anxiété est faible et les attentes élevées.	• Baser l'apprentissage sur la confiance et l'ouverture aux autres. • Effectuer périodiquement des activités pour promouvoir l'esprit de classe. • Promouvoir l'échange de connaissances entre les élèves, présenter les valeurs de la coopération, cibler les valeurs de confiance et d'ouverture aux autres, faire des activités spécifiques pour développer l'esprit de classe et l'esprit d'équipe. • Développer avec les élèves un règlement de classe basé sur le respect mutuel. • Procéder, ultérieurement, à des changements dans la composition des équipes informelles, créer des équipes de base pour le soutien, développer et maintenir l'identité des équipes de base. • Procéder, ultérieurement, à la dissolution des premières équipes de base en soulignant leur apport positif, en créer de nouvelles et développer encore une fois l'esprit d'équipe.
2. Acquisition et intégration des connaissances Activer, stimuler, enseigner, modeler, permettre la schématisation des concepts et des procédés.	• Baser l'apprentissage sur l'entraide, la solidarité et le droit à l'erreur. • Superviser des exercices coopératifs et individuels d'acquisition et d'intégration des connaissances. Susciter le rappel de connaissances dans les équipes informelles ou de base. *Exemples de structures ou activités :* 1-2-3 (page 87), grille d'équipe (page 88), graffiti (pages 93 et 94). • Adresser des questions de vérification aux équipes. *Exemples de structures ou activités :* Têtes numérotées ensemble (page 91). • Permettre la construction graduelle du savoir sur la base des connaissances existantes. *Exemples de structures ou activités :* schématisation collective (page 107), répétition de la procédure en duo. • Guider la mise en application des nouvelles connaissances. *Exemples de structures ou activités :* exercices guidés en duo, consultation de coéquipiers (page 100). • Enseigner des habiletés coopératives et structurer des observations informelles.

(Voir la suite page suivante)

Tableau 3.3 (suite)

Dimension	Technique d'enseignement
3. **Approfondisse-ment du savoir** Opérations cognitives de niveau avancé : comparer, classifier, induire, déduire, analyser les erreurs, élaborer des arguments, abstraire, analyser les perspectives.	• Baser l'apprentissage sur l'engagement et le plaisir d'apprendre. • Permettre l'élaboration en équipe de base de projets coopératifs basés sur une compréhension plus profonde de la matière enseignée. Poser des questions concernant les opérations cognitives ci-contre et faire répondre les élèves après consultation des pairs. • Enseigner les habiletés coopératives interpersonnelles et cognitives des niveaux moyen et avancé. • Observer des équipes et donner une rétroaction précise. • Faire appliquer la réflexion critique et la réflexion sur les habitudes mentales productives (voir 5e dimension ci-dessous).
4. **Utilisation concrète du savoir**	• Baser l'apprentissage sur toutes les valeurs de la coopération. • Permettre l'élaboration de projets de recherche en coopération sur des thèmes à approfondir, d'après l'intérêt des élèves. ***Exemples de structures ou activités :*** enquête en équipe (page 112), équipes associées (page 22), équipes représentatives (page 23). • Structurer l'interdépendance mais donner des choix aux élèves. • Assurer le déroulement complet du cycle d'acquisition des habiletés coopératives des niveaux moyen et avancé. • Objectiver les stratégies et faire appliquer la réflexion critique.
5. **Développement d'habitudes mentales productives** (Autodiscipline, pensée critique, créativité)	• Baser l'apprentissage sur l'ouverture d'esprit, l'engagement et la confiance en soi. • Procéder fréquemment à la réflexion sur les habitudes mentales énumérées ci-contre et susciter chez les coéquipiers une réflexion critique sur le travail de l'équipe. • Réserver, avant l'apprentissage, une période pour une séance de remue-méninges sur les habitudes mentales à développer. • Réserver, pendant l'apprentissage, des périodes pour la comparaison et la vérification en coopération des habitudes exploitées pour en montrer la variété. • Réserver, après l'apprentissage, une période pour l'analyse en coopération des habitudes mentales exploitées dans la tâche de l'équipe. • Observer et donner la rétroaction sur les objectifs nommés ci-contre.

FIGURE 3.3 Concepts principaux du chapitre 3

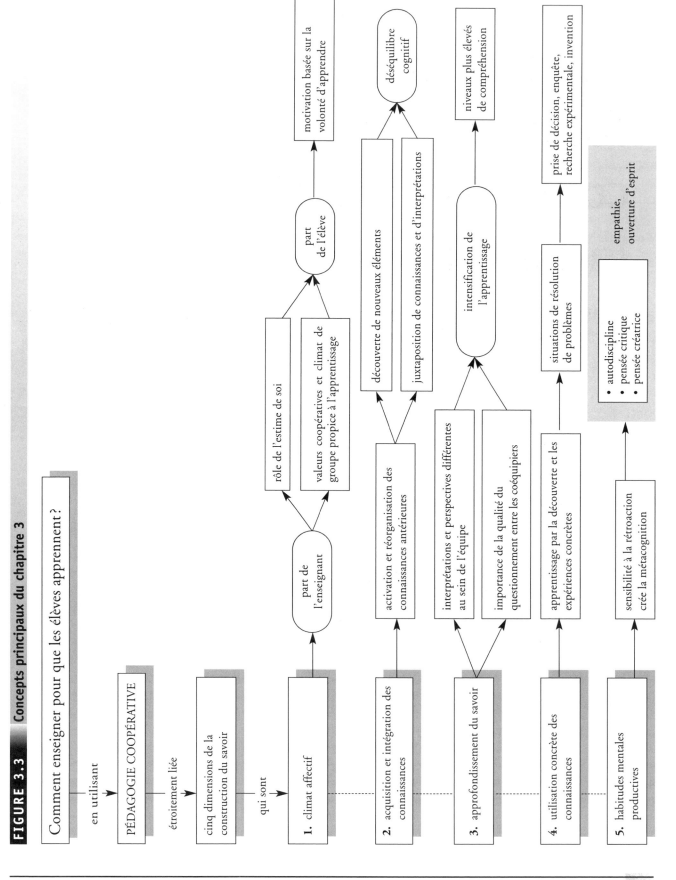

Comment enseigner pour que les élèves apprennent ?

en utilisant

PÉDAGOGIE COOPÉRATIVE

étroitement liée

cinq dimensions de la construction du savoir

qui sont

1. climat affectif

part de l'enseignant

part de l'élève

rôle de l'estime de soi

valeurs coopératives et climat de groupe propice à l'apprentissage

motivation basée sur la volonté d'apprendre

2. acquisition et intégration des connaissances

activation et réorganisation des connaissances antérieures

découverte de nouveaux éléments

juxtaposition de connaissances et d'interprétations

déséquilibre cognitif

3. approfondissement du savoir

interprétations et perspectives différentes au sein de l'équipe

importance de la qualité du questionnement entre les coéquipiers

intensification de l'apprentissage

niveaux plus élevés de compréhension

4. utilisation concrète des connaissances

apprentissage par la découverte et les expériences concrètes

situations de résolution de problèmes

prise de décision, enquête, recherche expérimentale, invention

5. habitudes mentales productives

sensibilité à la rétroaction crée la métacognition

- autodiscipline
- pensée critique
- pensée créatrice

empathie, ouverture d'esprit

Les liens entre l'apprentissage fondé sur les compétences et la pédagogie coopérative

▶ Y a-t-il un lien entre la pédagogie coopérative et l'apprentissage fondé sur les compétences ?

▶ Devrais-je utiliser la pédagogie coopérative pour mettre en valeur les compétences à développer inscrites dans mon programme ?

▶ Est-ce que la coopération me permettra de garder dans mon enseignement l'approche par compétence ?

En expérimentant une approche coopérative, je me rends compte que le climat dans la classe est plus intéressant et motivant. Je suis plus dynamique, car je varie mes méthodes d'enseignement. Mes rapports avec les élèves sont plus étroits, je connais davantage leurs forces et leurs faiblesses. L'approche coopérative me permet de les observer plus souvent pendant qu'ils travaillent, de leur inculquer des notions de savoir-être et de savoir-faire. Cette attitude rend l'acquisition des connaissances plus efficace. Aussi, j'ai de moins en moins le goût de donner des cours magistraux, où je transmets des connaissances sans vraiment me soucier de mon impact sur les élèves. Je souhaite désormais les accompagner dans leur démarche d'apprentissage. Je me dois de former des personnes autonomes, en mesure de réfléchir, de solutionner des problèmes de façon autonome et de s'adapter au changement.

Pour préparer les élèves à évoluer en société, les éducateurs, les administrateurs et les décideurs doivent prendre conscience des données suivantes :

- Les élèves apprennent à des rythmes différents.
- L'apprentissage requiert une participation active des élèves.
- Les élèves apprennent en fonction de leur expérience de la vie.
- Il y a apprentissage lorsque les activités proposées aux élèves sont pertinentes à leurs yeux, concrètes et enrichissantes.

Ces quatre principes constituent les fondements mêmes d'un apprentissage fondé sur les compétences. Par conséquent, l'élaboration des cours du collégial basés sur les compétences doit tenir compte des éléments suivants :

- des habiletés de réflexion d'un niveau avancé ;
- des processus intellectuels complexes ;
- un apprentissage basé sur les domaines cognitif et affectif ;
- une éducation permanente intégrée dans l'expérience de chacun ;
- une considération égale du procédé et du résultat ;
- les compétences transversales.

En favorisant un apprentissage basé sur les compétences, on se fixe comme but de consolider des connaissances qui s'intègrent les unes dans les autres plutôt que de présenter un ensemble de contenus indépendants. Il faut inviter les élèves à résoudre des problèmes et à définir des objectifs d'apprentissage qui visent l'apprentissage réel. Vous devez trouver la démarche pédagogique appropriée pour obtenir ces résultats (voir figure 4.1, page 70). Par exemple, dans la planification d'un cours qui privilégie l'approche par compétence, vous devez tenir compte des éléments présentés dans le tableau 4.1 (voir page 70).

Comme l'approche par compétence favorise l'intégration et le transfert des connaissances, les instruments d'évaluation doivent être adaptés à ce type de programme pour que vous puissiez mesurer les progrès des élèves dans l'acquisition des compétences visées. L'accent devrait être mis sur les trois domaines suivants : cognitif (savoir), psycho-sensorimoteur (savoir-faire) et affectif (savoir-être).

FIGURE 4.1 La dynamique de l'enseignement et de l'apprentissage

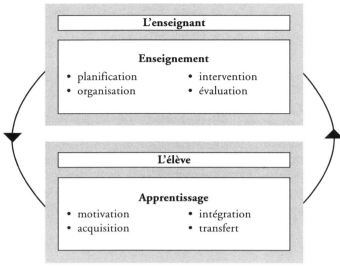

Vous devez adapter votre enseignement aux besoins des élèves de manière à maximiser leur apprentissage. Cet échange sans fin avec les élèves doit sous-tendre votre démarche pédagogique.

Source : *Inspiré de la présentation de D. TREMBLAY (AQPC, 1999)*

Bien que votre leçon d'aujourd'hui porte sur les connaissances déclaratives, vous devriez vous fixer un but à long terme. Ce but vous permettrait d'assurer l'acquisition de savoir-faire par vos élèves, le développement de certaines attitudes – telles la confiance en soi et la bonne volonté – ainsi que le transfert de ces habiletés.

Choisir l'apprentissage basé sur les compétences signifie donc que vous devez planifier et présenter votre cours d'une façon particulière, et que vous devez élaborer des instruments spécifiques pour évaluer les compétences développées. Les compétences évaluées doivent concourir au développement de la capacité d'intégration et de transfert des connaissances que les élèves devront exploiter tout au long de leurs études. Les enseignants et les élèves doivent se partager la responsabilité de l'évaluation.

L'évaluation formative est importante dans l'approche par compétence car elle permet une réflexion autorégulatrice. Pour soutenir ce processus, on utilise, outre les tests, les épreuves écrites et les rédactions habituelles, des études de cas et des portfolios.

TABLEAU 4.1

LES COMPÉTENCES AU COLLÉGIAL

Objectifs	Standard
Énoncé de la compétence • traduit des résultats d'apprentissage que les élèves doivent maîtriser	*Contexte de réalisation* • Le contenu et les tâches auxquelles seront soumis les élèves. • Les stratégies pédagogiques incluant les activités d'enseignement et les activités d'apprentissage. La pédagogie coopérative prend sa place dans une approche par compétence.
Éléments de compétence Les capacités et les habiletés (savoir-faire, savoir, savoir-être) qui favorisent le processus d'apprentissage • composantes essentielles de la compétence • habiletés de l'ordre des savoirs intellectuels, mentaux, stratégiques socioaffectifs et psychomoteurs	*Critères d'évaluation* • Les éléments observables et mesurables utilisés dans les situations d'apprentissage servent à porter jugement sur le degré de maîtrise de chaque élément de compétence.

Les résultats d'un apprentissage basé sur les compétences sont les mêmes que ceux obtenus au moyen de la démarche constructiviste (voir chapitre 3, page 50) et, dans les deux cas, le rôle de l'enseignant est identique. C'est à lui qu'incombe la responsabilité d'établir des liens entre l'enseignement et l'apprentissage tel qu'il est vécu par les élèves. Par conséquent, il doit fournir à ses élèves des occasions de se construire des « savoirs ». Pour y arriver, une variété d'activités permettant l'acquisition, l'approfondissement et l'utilisation des connaissances sont disponibles. Pour votre part, les activités d'autoévaluation basées sur la métacognition se retrouvent tout au long du processus.

Par ailleurs, on ne doit pas nécessairement transformer radicalement les méthodes d'enseignement utilisées au collégial. Il s'agit plutôt de mettre en évidence et d'analyser les modèles d'enseignement et d'apprentissage efficaces employés en ce moment, et d'évaluer leurs taux respectifs de succès. Le tableau 4.2 peut vous aider à planifier votre cours dans un contexte d'approche par compétence.

TABLEAU 4.2
PLANIFICATION D'UN COURS BASÉ SUR L'APPROCHE PAR COMPÉTENCE

OBJECTIFS D'APPRENTISSAGE	ÉLÉMENTS DE CONTENU	COMPÉTENCE À DÉVELOPPER	Durée	STRATÉGIE PÉDAGOGIQUE		Évaluation sommative (S) formative (F)	Matériel
				Activités d'enseignement	Activités d'apprentissage		
Objectif général:		Énoncé de compétence:					
Objectifs spécifiques: 1. 2.		Éléments de compétence:		la coopération*			

* La pédagogie coopérative met l'accent sur l'arrimage des activités d'enseignement et des activités d'apprentissage. En utilisant la coopération dans une approche par compétence, vous pouvez créer un équilibre entre l'enseignement magistral et périodes d'activités coopératives. Vous pouvez appliquer cette méthode pour toutes les dimensions de la construction du savoir.

Source: *Inspiré du COLLÈGE DE SHERBROOKE, 1995*, Le plan cadre, *Sherbrooke.*

Nous savons tous que c'est grâce à leur apprentissage à l'école et à différentes expériences vécues à l'extérieur de l'école que les élèves acquièrent les habiletés nécessaires pour accéder à un emploi et se débrouiller dans la vie. La responsabilité d'acquérir ces habiletés incombe aux élèves eux-mêmes, mais ces derniers comptent sur leur famille, sur le système d'éducation et sur le soutien de la société en général pour y faire face. En ce sens, le Conference Board of Canada, en collaboration avec le Conseil d'entreprises sur l'enseignement, a publié un document[1] qui propose comme exemple l'apprentissage basé sur les compétences, apprentissage promu par la récente réforme de l'éducation.

D'après ce document, le développement de certaines compétences d'ordre scolaire et d'autres en gestion personnelle et en coopération constituent des conditions essentielles à la formation d'une main-d'œuvre de qualité supérieure. L'acquisition de ces compétences transparaît dans les habiletés, les attitudes et les comportements de l'élève qui cherche à s'assurer d'une formation de base, essentielle pour trouver un emploi, le conserver ou obtenir de l'avancement, tout en travaillant avec d'autres à atteindre les meilleurs résultats possible. Le tableau 4.3 (voir page suivante) résume ces compétences.

....
1. Conference Board of Canada, 1994, *Profil des compétences relatives à l'employabilité*, Ottawa.

TABLEAU 4.3

Condition	Définition
Compétences d'ordre scolaire	**Communiquer** • Comprendre et savoir employer les langues officielles en usage dans les entreprises. • Écouter pour comprendre et apprendre. • Lire, comprendre et utiliser du matériel écrit, y compris des diagrammes, des tableaux et des expositions. • Savoir écrire de façon efficace dans les langues officielles en usage dans les entreprises. • Savoir réfléchir. • Réfléchir de façon critique et agir logiquement pour évaluer des situations, résoudre des problèmes et prendre des décisions. • Comprendre et résoudre des problèmes qui requièrent des habiletés mathématiques et savoir en tirer des leçons. • Pouvoir utiliser des techniques, des instruments, des outils et des systèmes d'information de façon efficace. • Avoir accès à des connaissances spécialisées dans différents domaines et les acquérir, et savoir les appliquer. • Savoir apprendre. • Continuer d'apprendre toute sa vie.
Compétences en gestion personnelle	**Attitudes et comportements positifs** • Avoir de l'estime de soi et de l'assurance. • Faire preuve d'honnêteté et d'intégrité, et avoir un système de valeurs prosociales. • Manifester une attitude positive en matière d'apprentissage, de croissance personnelle et de santé. • Manifester de l'initiative, de l'énergie et de la persévérance dans l'accomplissement d'une tâche. **Responsabilité** • Avoir la capacité de se fixer des buts et des priorités au travail comme dans sa vie privée. • Avoir la capacité de planifier et de gérer son temps, son argent et d'autres ressources de manière à pouvoir atteindre ses buts. • Accepter d'assumer la responsabilité de ses actes. **Capacité d'adaptation** • Avoir une attitude positive à l'égard du changement. • Reconnaître et respecter la diversité culturelle et les différences individuelles. • Avoir la capacité de concevoir et de suggérer de nouvelles idées pour effectuer une tâche – créativité.
Compétences en coopération	**Travailler avec les autres** • Comprendre les objectifs d'une entreprise et contribuer à les réaliser. • Comprendre l'esprit d'une équipe de travail et s'y intégrer harmonieusement. • Planifier et prendre des décisions avec les autres et en accepter les conséquences. • Respecter les idées et les opinions des autres personnes de l'équipe. • S'habituer aux concessions mutuelles pour parvenir à des résultats en équipe. • Rechercher une démarche d'équipe menant à une façon de procéder appropriée. • Assumer le rôle de leader au bon moment pour mobiliser l'équipe en vue d'atteindre une meilleure performance.

Source : *Inspiré de Conference Board of Canada, 1994,* Profil des compétences relatives à l'employabilité, *Ottawa.*

Voici un exemple de la façon dont un enseignant peut intégrer les compétences décrites dans le tableau 4.3 dans un cours à structure coopérative.

Exemple

Cours de la première semaine

But : comprendre les compétences et les qualités recherchées par les employeurs.

1. En équipes informelles, réfléchir pendant 15 minutes à l'un des concepts suivants :
   - Communiquer
   - Penser
   - Apprendre
   - Adopter des attitudes et des comportements positifs
   - Assumer ses responsabilités
   - Travailler avec les autres

2. Chaque équipe doit répondre à la question suivante en fonction du thème qui lui a été soumis : « Quelles sont les implications de ce concept dans le marché du travail ? »

3. Un porte-parole expose brièvement à la classe les conclusions de son équipe. Après les exposés et après que l'enseignant a apporté les précisions qu'il jugeait nécessaires, les élèves retournent dans leur groupe informel pour 15 minutes afin de réfléchir et de répondre à la question suivante : « Où en suis-je dans mon apprentissage ? »

4. Un porte-parole résume les conclusions de son équipe.

> « Les élèves ont effectué les activités de sensibilisation aux compétences professionnelles avec sérieux. Celles-ci ont mené à un niveau de prise de conscience élevé qu'un cours magistral n'aurait pas permis d'atteindre. Cette prise de conscience s'est traduite par des comportements plus professionnels que les élèves ont conservé même après cinq semaines. Par exemple, la qualité de leurs travaux s'est grandement améliorée et les échéanciers ont été respectés. »

Durant la planification d'un cours basé à la fois sur la coopération et sur l'approche par compétence, il est essentiel de tenir compte des six composantes de l'apprentissage coopératif dans la structuration des activités (voir chapitre 1, page 6). Le tableau de planification conçu pour l'apprentissage basé sur les compétences (tableau 4.2, page 71) doit comporter l'énoncé de la compétence, les éléments de cette compétence, les objectifs d'apprentissage et les balises du contenu, tels qu'ils sont définis collectivement par l'ensemble des enseignants d'un département. Les stratégies d'enseignement et d'apprentissage en lien avec le contenu relèvent de la créativité de chaque enseignant et de sa façon de comprendre la pédagogie coopérative. La coopération constitue donc un outil privilégié pour enseigner dans le contexte de cette approche. Autrement dit, vous devez structurer vos périodes d'enseignement en ayant à l'esprit les valeurs de la coopération, en vous servant des stratégies et des structures mises à votre disposition, et en n'oubliant jamais le plus important : vos élèves.

FIGURE 4.2 Concepts principaux du chapitre 4

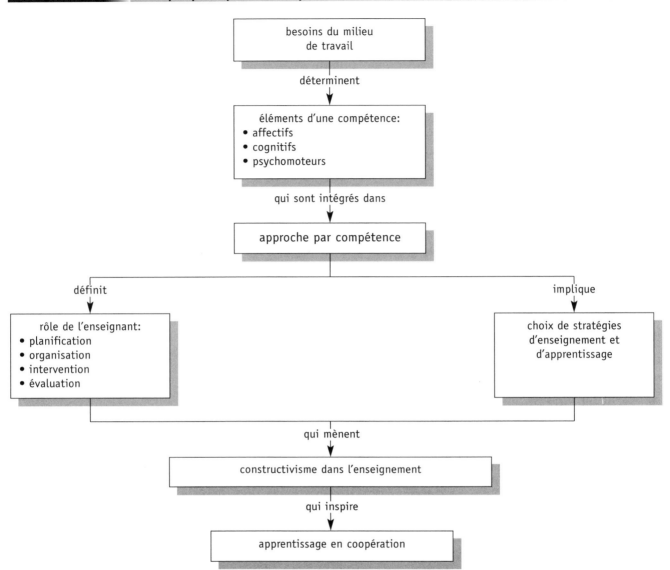

Évaluation – les critères de la réussite

Chapitre 5

▶ De quels moyens d'évaluation puis-je me servir en pédagogie coopérative?

▶ Les élèves accepteront-ils ma méthode d'évaluation?

▶ Devrais-je évaluer le travail de l'équipe ou l'effort individuel?

▶ Comment mes techniques d'évaluation reflètent-elles mes stratégies d'enseignement?

Avant d'évaluer le travail d'une équipe, vous devez prendre certaines décisions importantes. Faut-il évaluer le produit collectif du travail de chaque personne dans l'équipe? La note accordée au produit d'une équipe sera-t-elle prise en compte dans la note finale de chaque élève? Comment s'assurer que les notes individuelles des élèves reflètent leur compréhension de la matière? En pédagogie coopérative, l'évaluation, tout comme la réflexion critique, sont des moyens utilisés pour responsabiliser l'élève. La figure 5.1 illustre la relation entre la métacognition et l'évaluation.

La métacognition modifie le rendement de l'élève selon qu'il travaille seul ou en équipe. En structurant le processus de réflexion critique et en développant les habitudes mentales de la 5e dimension de l'apprentissage chez vos élèves, vous leur offrez des occasions d'exceller.

En pédagogie coopérative, le processus d'évaluation est particulièrement délicat compte tenu du caractère hétérogène des équipes. On ne peut évaluer chaque élève de façon équitable en donnant simplement des notes d'équipe. Voilà pourquoi, dans une classe, l'évaluation n'est bien souvent pas du ressort exclusif de l'enseignant. En effet, les élèves sont invités à évaluer leurs propres progrès et à participer à l'évaluation de leurs pairs. Il est toutefois essentiel de leur donner des instructions claires pour s'assurer d'obtenir des évaluations objectives, descriptives et honnêtes. Les exemples des pages 78 à 81 proposent en outre des modèles d'outils d'autoévaluation.

> Nous sommes convaincus que la pédagogie coopérative est un moyen de favoriser l'apprentissage individuel et, pour cette raison, nous suggérons fortement d'attribuer un pourcentage élevé à la note individuelle dans la pondération des résultats finaux.

FIGURE 5.1   La métacognition et l'évaluation

Métacognition	engendre	Modification de comportements	et mène à	Évaluation sommative
• réflexion critique, individuelle, d'équipe • sur le processus de coopération • formative • prise de conscience • réflexion sur les habitudes mentales productives		• meilleures stratégies d'apprentissage • développement d'habitudes mentales productives • développement d'habiletés coopératives • productivité accrue • apprentissage efficace		• note individuelle • note d'équipe • évaluation de la mi-session et de la fin de session • évaluation par les pairs • autoévaluation • éléments de l'évaluation formative

La participation des élèves à l'évaluation

Parce que la pédagogie coopérative accorde de l'importance à la responsabilité individuelle, les élèves participent d'abord à l'établissement de leurs propres objectifs d'apprentissage, autant que faire se peut, tout en respectant le cadre du programme. Comme avec toute autre méthode d'enseignement, il faut clairement préciser, dès le début du cours, les objectifs en matière de contenu et décrire la façon dont l'apprentissage sera évalué ainsi que les critères employés pour juger si ces objectifs ont été atteints. Dans le cas de l'évaluation des tâches accomplies en équipes, il est encore plus important de communiquer clairement à tous les élèves les objectifs, les critères et les méthodes d'évaluation qui seront utilisés pour éviter les malentendus et la possibilité de réactions négatives de la part de ceux qui pourraient trouver que leur note d'équipe est injuste.

Les élèves peuvent également évaluer eux-mêmes leur apprentissage avec l'aide de leurs pairs et d'une autoévaluation. L'enseignant qui propose à ses élèves de participer au processus d'évaluation leur donne une impression de pouvoir et accroît leur responsabilisation individuelle. En outre, cette invitation à participer au processus d'évaluation est une manière d'indiquer aux élèves que leur opinion a de l'importance, de sorte qu'ils tendront probablement à développer le sentiment de devoir assumer leur propre apprentissage.

Dans le processus d'évaluation, il faut aussi considérer, outre les résultats, ce qui se passe au sein des équipes de coopération. Souvent, lorsqu'une équipe termine un projet, il est difficile de déterminer si tous les élèves y ont participé également ou si un ou deux d'entre eux ont effectué la plus grosse partie du travail.

Pour évaluer la contribution de chaque personne au produit d'une équipe et s'assurer du développement de la responsabilisation individuelle, on peut demander aux élèves d'évaluer la participation de chaque coéquipier au produit final, ce qu'ils peuvent faire à l'aide d'une grille de réflexion sur la productivité de l'équipe (voir page 80, et annexe 10, page 153). Pour remplir cette grille, les élèves doivent réfléchir non seulement à ce qu'ils ont accompli, mais aussi à l'efficacité de leur processus d'apprentissage.

L'élaboration d'un outil permettant à chaque élève de la classe d'évaluer les exposés ou les projets des équipes peut constituer un autre moyen d'amener les élèves à participer au processus d'évaluation (voir annexe 11, page 154). Les évaluations peuvent ensuite être soumises aux équipes qui ont fait les présentations pour que leurs membres y réfléchissent (évaluation formative) et peuvent aussi servir aux enseignants à déterminer l'ensemble ou une partie de la note des équipes (évaluation sommative).

Un professeur d'université employait cet outil pour attribuer 15 % de la note finale des exposés. Il avait clairement défini les critères de notation dans son plan de cours. Les élèves avaient la responsabilité de satisfaire à ces critères valant 15 points pour assurer la réussite de leur équipe (voir exemple de la page suivante).

FIGURE 5.2 **En pédagogie coopérative : pas de place pour l'indolence !**

Méthodes et critères de notation présentés dans un plan du cours qui est remis aux élèves

Descriptions des composantes obligatoires du cours

Composante	Commentaires	Pondération
1. Processus d'apprentissage en classe, préparation à l'apprentissage et réflexion sur l'apprentissage	L'élève doit déterminer cette note et présenter, lors de la dernière période du cours, une autoévaluation écrite. Il se servira de son journal d'apprentissage pour justifier son évaluation.	10 %
2. Présentation en petits groupes d'une étude de cas	Dans les équipes de coopération, l'élève doit communiquer le contenu de son travail de façon claire et utiliser des interactions coopératives afin de poser des questions et répondre à celles qui lui sont posées. Tous les membres de l'équipe obtiendront la même note. Chacun recevra une grille d'évaluation de ses pairs et d'autoévaluation.	15 %
3. Étude de cas individuelle par écrit	Ce travail consiste à rédiger la solution à l'un des cinq cas étudiés dans l'équipe et présentés en classe. Chaque élève recevra une note individuelle basée sur les critères suivants : résumé des principaux aspects du cas, clarté des points de vue exprimés et objectivation des stratégies employées pour résoudre le problème. Il s'agit du fruit des apprentissages effectués dans l'équipe.	15 %
4. Examen de mi-session		25 %
5. Projet individuel		35 %

Vous trouverez ci-dessous cinq exemples d'instruments d'évaluation employés pour noter l'effort coopératif dans la classe.

- **1ᵉʳ exemple : journal d'apprentissage destiné à l'élève**

  Cet outil aide les élèves à réfléchir sur leur apprentissage de façon régulière (une fois par semaine). De plus, les notes de ce journal leur serviront à la fin du semestre à justifier leur auto-évaluation. Les questions ci-dessous sont présentées à titre d'exemples.

  a) Quels sont mes objectifs d'apprentissage ?

  b) Quelles sont mes connaissances antérieures relatives au sujet d'aujourd'hui ?

  c) Qu'est-ce que j'ai appris aujourd'hui ?

  d) De quelle manière ai-je appris aujourd'hui ?

  e) Quelle connaissances puis-je transférer dans la pratique ?

  f) Quel concept m'a paru le plus intéressant ?

  g) Quels sont mes points forts et mes points faibles comme membre d'une équipe ?

  h) Quels comportements coopératifs m'ont paru les plus utiles pour approfondir mes connaissances ?

  D'autres questions sont possibles.

- **2ᵉ exemple : grille d'évaluation des exposés**

  La grille suivante propose des critères d'évaluation formative ou sommative des exposés des équipes devant la classe.

Critères à observer	Commentaires	Cote A = satisfaisant B = à améliorer
1. Améliorer la cohésion de la présentation de l'équipe a) Prévoir des liens et des transitions de contenu entre les présentateurs. b) Donner une vue d'ensemble de l'exposé pour familiariser l'auditoire avec le sujet. c) Réorganiser le matériel à présenter. d) Clore l'exposé par un résumé qui en relie les différentes parties. e) Utiliser un sommaire ou un aperçu qui permet d'intégrer toutes les parties de l'exposé. f) Choisir du matériel approprié et en quantité suffisante. g) Réorganiser les idées et fournir des exemples ou des illustrations. Établir des liens entre le sommaire ou l'aperçu présenté sur des supports visuels et l'exposé proprement dit. h) Présenter ses idées en utilisant des notes, mais seulement en guise de repères. i) Développer progressivement un exemple pour relier les différentes parties de l'exposé.		
2. Maximiser l'efficacité de la présentation a) Établir des liens entre les éléments du sommaire ou de l'aperçu présenté sur le rétroprojecteur et l'exposé proprement dit. b) Regarder l'ensemble de la classe et non l'enseignant. c) Projeter sa voix jusqu'à la dernière rangée de la classe. d) Respecter le temps alloué. e) Répartir le temps alloué aux présentations de façon équitable.		
3. Autres facteurs importants* a) Rendre l'exposé plus personnel en ayant recours à des exemples qui concernent le présentateur ou l'auditoire. b) Distribuer du matériel à lire ou un résumé au début ou à la fin de l'exposé. c) Utiliser la technique des questions-réponses ou des questions oratoires pour générer des moments de réflexion. d) Faire preuve de créativité.		

* Ces facteurs doivent être pondérés. Par exemple, on devrait accorder plus de points à 3c) qu'à 3b).
Source : *Inspiré d'un outil de travail élaboré par D. REHORICK, Université du Nouveau-Brunswick.*

• 3ᵉ exemple : grille d'autoévaluation formative ou sommative

Cette grille permet à l'élève de procéder à une réflexion sur les habitudes mentales productives. Elle lui permet également de recueillir les commentaires d'un coéquipier. Il peut être utile pour l'élève de la conserver dans son portfolio.

Habitudes mentales productives	Mes commentaires	Commentaires d'un pair	Cote A = satisfaisant B = à améliorer
L'autodiscipline • Planifier • Organiser les ressources • Être sensible à la rétroaction • Évaluer sa propre efficacité			
La pensée critique • Rechercher la précision, l'exactitude • Communiquer clairement • Adapter la communication à l'auditoire • Faire preuve d'ouverture d'esprit • Prendre le temps de réfléchir			
La pensée créatrice • Persévérer malgré les difficultés • Réfléchir • Accroître ses connaissances et ses habiletés • Respecter ses propres normes • Envisager chaque problème sous un angle nouveau, parfois non conventionnel			

- **4e exemple : grille d'autoévaluation et d'évaluation par les pairs**

La grille suivante propose un exemple d'évaluation d'un membre de l'équipe par un pair.

Sujet de l'équipe : *Étapes dans un procès avec jury.*

Votre nom : *Judith*

Noms de vos coéquipiers :
A *Martin*
B *Patrice*
C *Diane*

Attribuez à vos partenaires et à vous-mêmes la cote que vous jugez appropriée pour chacune des catégories ci-dessous.

CONTRIBUTION

- Exceptionnelle : 5

- Supérieure à la moyenne : 4

- Moyenne : 3

- Inférieure à la moyenne : 2

- Aucune : 1

Critère	Membres de l'équipe			
	A	B	C	Moi
1. Présence aux réunions prévues	5			
2. Préparation de la section sous sa responsabilité	5			
3. Communication claire du contenu	3			
4. Encouragement aux autres à présenter leurs idées	3			
5. Rétroaction positive et utile	4			
Total	20/25			

Dans le présent cas, Judith a accordé à Martin 20 points sur une possibilité de 25, soit 4 sur 5.

Après avoir recueilli toutes les grilles de l'équipe, l'enseignant fera la moyenne des scores accordés par les pairs (5 %) et ajoutera cette note à celle de l'autoévaluation (5 %) et à sa propre évaluation de la présentation de l'équipe (5 %).

- **5e exemple : grille d'évaluation des rôles lors d'une présentation d'équipe[1].**

La grille ci-dessous sert à évaluer la façon dont un membre de l'équipe remplit son rôle.
Cet exemple porte sur le rôle d'animateur.

Critères	Commentaires	Cote A = satisfaisant B = à améliorer
Contenu • Préciser l'objectif de la rencontre et clarifier des termes au besoin • Reformuler les propos de certains participants • Créer des liens entre diverses interventions • Présenter une synthèse de certaines idées ou d'une partie de la discussion		
Procédure • Définir les procédures ou aider l'équipe à le faire • Respecter le tour de parole de chacun • Favoriser la participation de tous les membres • Respecter le temps alloué		
Climat • Être attentif aux besoins des participants, les écouter avec empathie • Objectiver les interventions trop émotives • Favoriser une saine verbalisation des émotions qui font obstacle à la discussion • Détendre l'atmosphère au besoin		

L'évaluation par l'enseignant

Les procédés présentés dans cet exemple paraissent équitables, et ils le sont !

Comme vous avez pu le constater, les exemples précédents proposent comme modèle une combinaison de notes individuelles et collectives. Il existe un lien logique entre la quantité de temps et d'efforts consacrés au travail en équipe et l'importance de la note accordée à l'équipe dans l'évaluation finale (la pondération). Nous suggérons toutefois que les contributions individuelles au produit de l'équipe soient évaluées à la fois par les coéquipiers et par l'enseignant et que la note ainsi obtenue soit portée au dossier de l'élève.

Les points d'amélioration, ou bonis, jouent également un rôle important dans la stimulation des élèves à coopérer pour apprendre et à prendre conscience de leur interdépendance et de leur responsabilisation individuelle. Lorsqu'un élève s'améliore de quelque manière que ce soit entre la mi-session et l'examen final, on peut ajouter 3 % de bonis à sa note finale. On peut aussi réserver 3 % de la note finale aux bonis à condition que chaque membre de l'équipe obtienne plus de 65 % lors d'un test individuel (en vue duquel tous ont étudié ensemble). Cette stratégie accroît chez les élèves l'impression que chacun peut avoir une bonne note si tous les autres membres de l'équipe réussissent.

Si, à quelque moment que ce soit, on se rend compte qu'un élève nuit volontairement au processus d'évaluation, il peut être écarté de l'équipe et se voir ainsi refuser la possibilité d'obtenir le 3 % sous forme de bonis.

....

1. Nous remercions Christiane Blais pour sa contribution au développement de cette grille.

Certains enseignants n'accordent aucune valeur au système de notation des équipes, même lorsqu'il y a un produit d'équipe à évaluer. Ils considèrent le travail en équipe comme un exercice visant exclusivement à mettre en pratique des habiletés et des connaissances qui seront testées individuellement. Le type d'évaluation que vous choisissez reflète vos valeurs en tant qu'enseignant et en tant que membre d'un milieu d'enseignement, votre école. Vous devez prendre les décisions qui vous conviennent le mieux et vous assurer que votre méthode d'évaluation sommative est vraiment appropriée au processus d'apprentissage que vous prenez comme modèle et aux résultats que vous escomptez.

Les enseignants estiment souvent que l'évaluation formative prend trop de temps, de sorte qu'ils concentrent leurs efforts sur l'enseignement de la matière obligatoire en vue de la notation finale. Toutefois, avec une approche axée sur les compétences, on a tendance à laisser aux élèves un plus grand contrôle sur leur apprentissage et, par conséquent, à leur faire prendre davantage conscience de leurs progrès et de leurs faiblesses. Il en résulte que l'évaluation formative gagne de l'importance dans le processus de réalisation des objectifs du cours.

Il est possible d'évaluer les apprentissages, que ce soit dans un but formateur ou pour fournir une rétroaction, par différents moyens tels que les tests, les travaux, les devoirs, les projets, des rédactions et les observations des enseignants sur la performance des élèves en classe. Pour éviter de procéder continuellement à des tests, il est aussi possible d'utiliser des portfolios individuels (dossiers de présentation individuels) ; le portfolio est constitué d'un éventail de travaux de l'élève (Farr et Tone, 1998), d'exemplaires de travaux qu'il a effectués en équipe, de rétroactions basées sur les observations de ses coéquipiers, etc. Les portfolios permettent d'évaluer l'apprentissage des élèves de façon efficace et complète, et de structurer les habiletés métacognitives inhérentes à la 5e dimension de l'apprentissage (voir chapitre 3, page 61).

Lorsque vous évaluez les tâches effectuées en équipes, vous devez tenir compte de certains facteurs, qui ne s'appliquent pas à l'évaluation individuelle, de façon à vous assurer que votre évaluation est juste pour tous les membres des équipes. L'évaluation des élèves doit-elle refléter le résultat ou la note de l'équipe et dans quelle proportion ? Quel pourcentage des notes finales donnera une bonne idée de l'apprentissage individuel ?

Il y a bien des raisons de s'inquiéter lorsque les notes des équipes constituent une composante majeure de la notation individuelle. Nous croyons que la responsabilité de l'apprentissage au sein d'une équipe incombe à ses membres. Toutefois, l'évaluation sommative devrait rester autant que possible individuelle. Sinon, l'encouragement des pairs peut se transformer en une pression insupportable pour l'élève moins doué et en ressentiment envers cet élève si les notes de tous les membres de l'équipe dépendent de la sienne. Il peut même arriver que des élèves refusent carrément de travailler avec certains de leurs camarades. Une telle situation est injuste, autant pour les élèves dont les habiletés sont grandes et dont les notes seront abaissées sans que leurs connaissances soient en cause que pour les élèves moins doués qui, malgré tous leurs efforts, ne réussissent parfois pas à comprendre le concept à l'étude. Néanmoins, il faut tenter de maintenir l'interdépendance au sein de l'équipe en s'assurant que l'évaluation reflète le produit de l'équipe.

FIGURE 5.3 Concepts principaux du chapitre 5

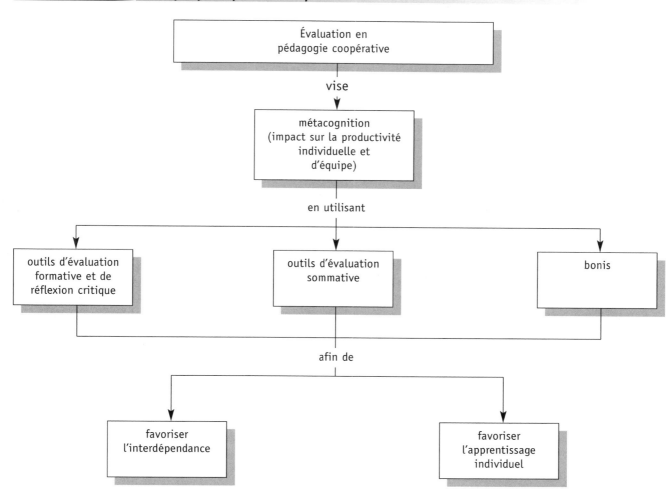

Les stratégies et les structures coopératives

Chapitre 6

▶ Puis-je structurer mes activités coopératives à l'aide de modèles?

▶ Quelle différence y a-t-il entre une structure et une activité?

▶ Les structures coopératives respectent-elles les cinq dimensions de l'apprentissage?

▶ Comment structurer les projets d'équipe à long terme?

**Structure
+
contenu
=
activité**

V ous disposez de deux moyens pour structurer les activités de coopération : soit utiliser l'ensemble des six composantes de l'apprentissage coopératif de la façon décrite dans le premier chapitre, soit utiliser des structures et des stratégies coopératives déjà élaborées en fonction de ces principales composantes. On définit une **structure coopérative** comme étant une façon d'organiser les interactions sociales dans la classe au moyen d'une série d'étapes ou d'éléments que les élèves reconnaissent facilement (Kagan, 1996). Lorsqu'on greffe un contenu particulier à cette structure, elle devient une **activité**. Pour sa part, la **stratégie** est un procédé qui intègre une certaine organisation des contenus, comme la controverse créative (voir page 110). Les structures et stratégies coopératives peuvent servir à toutes les étapes d'un cours. Nous vous présentons dans ce chapitre celles qui conviennent le mieux à l'enseignement des ordres secondaire, collégial et universitaire.

Le tableau 6.1 peut vous servir de référence si vous commencez à appliquer les principes de la coopération dans votre classe. Pour chacune des dimensions de la construction du savoir, ce tableau propose certaines structures et stratégies, qui sont présentées dans les pages suivantes.

TABLEAU 6.1
DIMENSIONS DE L'APPRENTISSAGE ACCOMPAGNÉES DE STRUCTURES ET DE STRATÉGIES COOPÉRATIVES

Dimensions de l'apprentissage	Structures et stratégies coopératives
1. Création d'un climat affectif propice à l'apprentissage	Grille de l'équipe, jeu de dé, en file, entrevue en trois étapes, coins, trouve quelqu'un qui..., unité dans la diversité, carte de remerciements
2. Acquisition et intégration des connaissances	Grille de l'équipe, principe 10-2, jeu de dé, têtes numérotées ensemble, en file, 1-2-3, 1-2-3-4, graffiti, lecture à deux, schématisation collective, entrevue en trois étapes, casse-tête d'expertise, consultation des coéquipiers, trouve quelqu'un qui..., promenade des connaissances, jetons de participation, catégorisation
3. Approfondissement du savoir	Grille de l'équipe, principe 10-2, jeu de dé, têtes numérotées ensemble, en file, 1-2-3, 1-2-3-4, graffiti, schématisation collective, entrevue en trois étapes, casse-tête d'expertise, consultation des coéquipiers, trouve quelqu'un qui..., promenade des connaissances, jetons de participation
4. Utilisation concrète des connaissances	Enquête en équipe, controverse créative, étude de cas, casse-tête d'expertise, les coins, et différentes structures de partage d'information à certaines étapes de l'enquête en équipe, de l'étude de cas et de la controverse
5. Développement d'habitudes mentales productives (métacognition)	Grille de l'équipe, 1-2-3, 1-2-3-4, graffiti, coins, jetons de participation, têtes numérotées ensemble, entrevue en trois étapes, carte de remerciements

**Il est
important
de recourir à
une variété
de structures**

Présentation de structures et de stratégies

STRUCTURE

Le principe 10-2

Cette structure permet aux enseignants d'effectuer un changement minime mais important dans la façon habituelle de présenter un cours. Il s'agit d'accroître la compréhension et la mémorisation des notions en divisant la matière en «tranches» de 10 minutes ou moins. Après chaque tranche, on pose une question et on consacre deux minutes à la discussion et à l'interaction.

Démarche

1. Interrompre le cours magistral à des moments stratégiques et poser des questions pour vérifier si les élèves comprennent la matière et pour consolider leur apprentissage. Lorsque la question est posée, les élèves doivent réfléchir à une réponse et en faire part à leur voisin immédiat.

2. Poursuivre la présentation pendant une période de 10 minutes puis poser une autre question ou soumettre un problème.

3. Répéter la séquence «présentation magistrale et période de deux minutes d'application par les élèves» jusqu'à la fin du cours.

4. La dernière période d'application sert à structurer une synthèse «active» qui devrait venir des élèves plutôt que de l'enseignant.

Exemples pour la 2ᵉ dimension :
- Qu'est-ce que *x* signifie ?
- Quelle est la différence entre ce que nous venons d'apprendre et le concept *y* que nous avons vu au cours précédent ?
- Quelles conclusions pouvez-vous tirer de… ?

Exemples pour la 3ᵉ dimension
(référez-vous aux huit opérations cognitives à la page 55) :
- Prenez une feuille et notez les réponses possibles à la question 1 qui apparaît au rétroprojecteur.
- Ajoutez à ces réponses les renseignements qui vous seront fournis pendant mon exposé. Vous remettrez votre feuille à la fin du cours.

> **J**'étais fier de ma synthèse. Je me disais : «Voilà du travail bien fait !» À l'examen, je me suis rendu compte que j'avais perdu mon temps ! Les élèves n'avaient pas suivi ma remarquable présentation.

STRUCTURE

1-2-3 : Réfléchir-Partager-Discuter
(Lyman, 1992)

Cette structure favorise la réflexion personnelle sur un sujet donné, puis la discussion en équipes de deux et, finalement, la discussion en grand groupe portant sur les résultats des débats à deux. Entre autres avantages, cette structure permet de maximiser la participation des élèves quand l'enseignant pose des questions au hasard.

1-2-3 : penser seul, partager à deux puis partager en grand groupe

Démarche

1. Poser une question et inviter les élèves à réfléchir à une réponse.
2. Après un moment de réflexion, les élèves se tournent vers un camarade et discutent à deux de leurs réponses à la question.
3. L'équipe fait ensuite un compte rendu de cette discussion à une autre équipe de deux ou au reste de la classe.

Variante

1-2-3-4
Avant de partager leurs réflexions avec un premier camarade, les élèves doivent noter leur réponse sur une feuille. À la fin du cours, leurs réponses écrites peuvent servir d'évaluation formative ou sommative.

Exemples pour la 2e dimension :
- Que voulez-vous apprendre sur le sujet dont il est question aujourd'hui ?
- À votre avis, quel est le rapport entre ce sujet et ce que nous avons déjà appris ?

Exemple pour la 3e dimension :
Réfléchissez avec un camarade sur votre réponse à la question « D'après cette théorie, que devrait-il vraisemblablement se produire ensuite ? », et discutez-en.

Exemple pour la 5e dimension :
Préparez un calendrier pour la recherche de votre équipe. Nommez trois comportements que vous devez manifester durant ce projet d'équipe.

Grille de l'équipe

Cette structure permet aux élèves de partager des renseignements ou des commentaires sur le contenu du cours. Elle sert aussi à développer l'esprit d'équipe et l'estime de soi de chaque individu. Les élèves peuvent effectuer les activités basées sur cette structure avant, pendant ou après un cours.

Démarche

1. Remettre un exemplaire de la grille, comme celle présentée ci-dessous, à tous les élèves. Chacun y inscrit son nom et les noms des membres de son équipe dans la première rangée. S'assurer que la grille comporte autant de colonnes qu'il y a de coéquipiers.

2. Poser une question que les élèves noteront dans la première colonne (voir les exemples ci-dessous).

3. L'élève inscrit sa réponse dans la case, sous son nom.

4. Il fait ensuite part de sa réponse aux membres de son équipe, qui l'écoutent et lui posent des questions avant de noter, sur leur propre grille, sa réponse dans la case appropriée. On procède de la même manière avec chacun des membres de l'équipe.

5. Les élèves font une synthèse de toutes les réponses (étape facultative).

Exemple de grille de l'équipe

Question	Noms des membres de l'équipe				Synthèse
1.					
2.					
3.					
4.					

Exemples pour la 1re dimension :

- Décrivez un de vos rêves qui ne s'est pas encore réalisé.
- Décrivez un aliment exotique auquel vous voudriez goûter.
- Quel défi devrez-vous relever au début du nouveau millénaire ?
- Quelle valeur de la coopération souhaitez-vous retrouver dans votre équipe ?

- Parmi les critères d'évaluation suggérés, lesquels sont les plus importants selon vous ?

Exemples pour la 2ᵉ dimension :
- Que voulez-vous apprendre sur ce sujet ?
- Que comprenez-vous par ce terme ?

Exemples pour la 3ᵉ dimension :
- Quelles sont les différences entre ce concept et celui que nous avons étudié la semaine dernière ?
- Qu'est-ce qui est inexact dans cet énoncé ?
- Trouvez des arguments en faveur de...

Exemples pour la 5ᵉ dimension :
- Quels sont les deux concepts les plus importants que vous avez appris aujourd'hui ? Expliquez votre réponse.
- De quelles stratégies vous êtes-vous servis dans votre apprentissage ?
- Comment utiliserez-vous ces renseignements ou ces habiletés ?

STRUCTURE

Catégorisation

Cette structure a pour but d'amener les élèves à classer, à analyser et à résumer l'information sous différentes formes et selon différentes méthodes ; d'aider les élèves à élaborer des concepts, à organiser l'information en vue de la rédaction d'un rapport et à comprendre la nature de certains modèles de catégorisation.

Démarche

1. Demander aux élèves de trouver des idées sur un thème précis au cours d'une séance de remue-méninges et de consigner ces idées sur des petits bouts de papier (une idée par bout de papier), ou leur donner une série d'éléments déjà définis.
2. Demander aux différentes équipes de regrouper les éléments comme bon leur semble. Leur demander ensuite de nommer chacune des catégories qu'elles ont créées.
3. Demander aux élèves de faire le tour de la classe ; ils verront ainsi comment les autres équipes ont regroupé les différents éléments.

(voir la suite page suivante)

Exemples pour les 2ᵉ et 3ᵉ dimensions :

- Classez des chefs d'État d'après leur influence sur les questions sociales, culturelles, commerciales, etc.
- Classez des médicaments d'après leurs effets secondaires.

STRUCTURE

Jeu de dé

Le jeu de dé est une structure qui favorise l'expression orale et le partage des idées et des expériences.

Démarche

1. Distribuer à chaque équipe un dé et une feuille comportant six questions.
2. Choisir une personne au hasard à l'intérieur de chaque équipe. Cette personne commencera le jeu. La personne à sa droite agira comme responsable du temps.
3. La personne choisie jette le dé. Elle dispose alors d'un laps de temps déterminé (par exemple, une minute pour répondre à la question correspondant au numéro qui apparaît sur le dé). Il est important de ne pas l'interrompre. Toutefois, si elle est à court d'idées avant que son temps ne soit écoulé, les membres de l'équipe peuvent lui poser des questions pour l'aider à exprimer ce qu'elle pense.
4. C'est ensuite au tour d'un autre membre de l'équipe de lancer le dé et de répondre à la question ainsi déterminée. Une autre personne surveillera le temps.

Exemples de questions possibles pour la 1ʳᵉ dimension :

- Quel est votre passe-temps préféré ?
- Quel est votre roman favori ? Pourquoi ?
- Nommez une personne que vous admirez et dites pourquoi.
- Qui est votre modèle dans la vie ? Pourquoi ?
- Décrivez une activité dans laquelle vous excellez.

Exemples pour les 2ᵉ et 3ᵉ dimensions :

- Que savez-vous sur la mitose ?
- Qu'avez-vous appris en lisant le chapitre 2 ?
- Comparez le modèle interdisciplinaire avec le modèle transdisciplinaire.

STRUCTURE

Têtes numérotées ensemble
(Kagan, 1996)

Cette structure simple favorise une participation égale des élèves lorsque l'enseignant pose des questions.

Démarche

1. Former des équipes de trois, quatre ou cinq élèves. Demander aux membres de chaque équipe de se numéroter, de 1 à 3, 4 ou 5, selon le cas.

2. Poser une question qui requiert un consensus, du type « Pouvez-vous nommer un ... ». Par exemple, « Assurez-vous que chaque membre de votre équipe peut nommer un des effets de la loi de la gravitation ou une des applications de la loi de l'offre et de la demande. » Il est possible de fixer une limite de temps pour donner les réponses, de façon à accélérer le processus.

3. Les élèves se consultent pour s'assurer que chaque membre de l'équipe connaît la réponse.

4. Choisir un chiffre au hasard, de 1 à 3, 4 ou 5, selon le cas. Un des élèves ayant ce numéro répond à la question.

Note: si seulement une des équipes compte cinq personnes au lieu de quatre, il suffit d'établir une règle d'après laquelle, lorsque le numéro 5 est choisi, les numéros 4 des autres équipes doivent répondre à la question.

Exemples pour les 2e et 3e dimensions:
- Nommez les facteurs qui contribuent à...
- Résolvez cette équation et énumérez les étapes menant à sa solution.
- Décrivez le processus par lequel...
- Comparez les œuvres de l'auteur X à un être vivant.
- Prédisez la dynamique des populations de la région x pour les 20 prochaines années.

Exemple pour la 5e dimension:
Par quels comportements chaque membre de l'équipe a-t-il favorisé la productivité?

STRUCTURE

En file
(Kagan, 1996)

Cette structure permet de former des équipes au hasard et d'encourager l'acceptation mutuelle. Sa variante peut très bien être utilisée lors d'un débat ou d'une controverse créative (voir page 110).

Démarche

1. Déterminer selon quel critère les élèves auront à se disposer en file. On peut choisir un critère aussi simple que l'ordre alphabétique des prénoms ou la date d'anniversaire (jour et mois). Dans le premier cas, Alain pourrait être le premier de la file, suivi de Bernadette, Claude, Daniel, David et ainsi de suite. Dans une classification selon la date de naissance, les mêmes élèves seraient disposés selon l'ordre suivant: Daniel (1er janvier), Bernadette (12 mars), David (13 mars), Alain (23 juin), Claude (29 septembre), etc.

2. Dans le cas de critères peu complexes comme les exemples ci-dessus, simplement les énoncer à voix haute. Dans les autres cas, distribuer aléatoirement à chacun des élèves un morceau de papier sur lequel un concept est noté.

3. Les élèves déterminent leur place dans la file selon le critère énoncé. Il est possible que deux élèves ou plus se retrouvent côte à côte dans la file; ils devront alors en expliquer la raison. Pour découvrir où chacun doit se trouver, les élèves discutent. Ainsi, par exemple, si on remet à chacun des élèves un papier sur lequel est noté un événement ayant mené à la déclaration de la Seconde Guerre mondiale, chacun devra être en mesure de se situer dans la séquence chronologique des événements.

4. Vérifier si les élèves se sont placés correctement par rapport au critère énoncé. À voix haute, chaque élève peut notamment lire ce qui est inscrit sur son papier.

5. La file peut alors être divisée en équipes (les élèves dont le prénom commence par telle lettre; les élèves nés en tel mois; les cinq premiers de la file; la moitié de la file; etc.).

Variante

File des valeurs

Le critère choisi pour la classification des élèves peut aussi être subjectif. Par exemple, demander aux élèves de se placer dans la file selon qu'ils adhèrent à un énoncé (une extrémité de la classe), qu'ils y adhèrent partiellement (le milieu de la pièce) ou qu'ils n'y adhèrent pas du tout (l'autre extrémité de la classe). Il s'agit ensuite de diviser la file en équipes de deux pour faire en sorte que les élèves puissent découvrir des opinions qui divergent de la leur. Pour ce faire, on peut avoir recours au « pli » ou au « glissement ». Le pli consiste à diviser la file en deux pour que le dernier élève se retrouve à côté du premier, l'avant-dernier à côté du deuxième, etc., comme ci-dessous :

1	2	3	4	5	6
12	11	10	9	8	7

Le glissement consiste à diviser la file en deux et à faire « glisser » la seconde moitié le long de la première, comme ceci :

1	2	3	4	5	6
7	8	9	10	11	12

Dans les deux cas, les élèves qui se retrouvent face à face discutent ensemble.

Exemples de critères de formation d'une file pour la 1re dimension :
- Nom par ordre alphabétique ; distance parcourue pour se rendre au collège chaque jour ; le pays le plus loin jamais visité.

Exemples de critères de formation d'une file pour la 2e dimension :
- Chronologie des étapes du développement du vaccin contre la polio.
- Chronologie des éléments de l'intrigue de *Candide*, de Molière.

Exemples de critères de formation d'une file pour la 3e dimension :
- Déterminez votre position sur la question du libre-échange sur le continent américain et présentez des arguments pour et contre (la file des valeurs).
- L'euthanasie : pour ou contre ?

STRUCTURE

Graffiti circulaire

Cette structure est idéale pour des séances de remue-méninges. On peut s'en servir pour faire révéler des connaissances antérieures ou pour connaître les opinions des élèves sur des sujets relatifs à la matière.

Démarche

1. Sur une grande feuille de papier, les membres de l'équipe écrivent en même temps le plus d'idées possible sur un sujet donné. Chacun

(voir la suite page suivante)

utilise une couleur différente. L'utilisation de couleurs différentes favorise la responsabilisation individuelle.

2. Après le délai fixé, les élèves cessent d'écrire, regroupent leurs idées en examinant les similitudes, les différences et les relations qui existent entre elles. Il est possible d'assigner des rôles aux élèves (secrétaire, lecteur, vérificateur, etc.) pour encourager la participation de tous.

3. On peut demander à chacune des équipes de présenter une synthèse de son travail à la classe.

Variante

Graffiti multiple

Dans cette structure, les élèves doivent s'exprimer sur plus d'un thème. Demander à chaque équipe de diviser sa feuille en autant de sections qu'il y a de sujets de réflexion (quatre, par exemple). Dans le haut de chaque section, les élèves indiquent clairement la thématique. Les membres de l'équipe commencent alors à noter leurs idées, chacun dans une section différente. Après un certain temps, les élèves font une rotation et ajoutent leurs idées à la thématique suivante (voir figure ci-contre). Ce processus se poursuit jusqu'à ce que chacun des coéquipiers ait pu s'exprimer sur tous les sujets. L'équipe peut alors procéder à l'analyse des résultats.

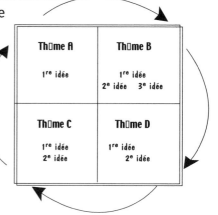

STRUCTURE

Graffiti collectif

Pour donner à toutes les équipes de la classe l'occasion d'émettre des idées sur chacun des sujets proposés, on peut avoir recours au graffiti collectif.

Démarche

1. Assigner à chaque équipe un sujet qui est noté sur une grande feuille de papier. Procéder de la même façon qu'à la première étape du graffiti circulaire.

2. Après une brève période de temps, les élèves cessent d'écrire et passent leur feuille à l'équipe voisine, dans le sens des aiguilles d'une montre. Chaque équipe prend alors connaissance du thème qui est inscrit sur la feuille reçue, puis les élèves se mettent à lire et à ajouter leurs idées à ce graffiti.

3. L'exercice se poursuit jusqu'à ce que toutes les équipes aient contribué à chacun des graffitis et que les feuilles soient revenues à leur équipe de départ (voir figure ci-dessous).

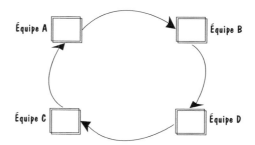

4. En recevant leur graffiti de départ, les membres de chaque équipe travaillent collectivement à classer par catégories les idées exprimées sur leur thème par l'ensemble des équipes.

5. Enfin, chaque équipe présente à la classe un résumé de ses conclusions.

Exemples pour la 2ᵉ dimension :
- Bureautique : Chaque équipe se voit attribuer une technique différente en usage dans les bureaux et, au cours d'une séance de remue-méninges, ses membres énumèrent des problèmes relatifs à son utilisation.
- Techniques de bâtiments : Chaque équipe se voit attribuer une étape de l'inspection d'un logement et, au cours d'une séance de remue-méninges, ses membres définissent les tâches particulières à cette étape.

Exemples pour la 3ᵉ dimension :
- Soins infirmiers : Chaque équipe tient une séance de remue-méninges sur des sujets relatifs à l'éducation en hygiène publique.
- Littérature : Chaque équipe tient une séance de remue-méninges sur les caractéristiques du style de différents auteurs.

Exemples pour la 5ᵉ dimension :
- Comment puis-je être plus efficace dans la préparation de mes examens ?
- Comment puis-je améliorer mes habiletés en ce qui a trait à l'étude à la maison ?

STRUCTURE

Lecture à deux

Cette structure permet la découverte de renseignements dans un texte et favorise une participation égale des élèves. On s'en sert principalement dans la 2e dimension d'apprentissage.

Démarche

1. Diviser la classe en duos. Distribuer à chacun des coéquipiers le même texte, mais une série de questions différentes.

2. Chaque élève lit le texte individuellement pour trouver des réponses aux questions qui lui ont été assignées.

3. Chaque élève lit ensuite une de ses questions à son coéquipier et lui demande d'y répondre. À ce stade, les deux élèves doivent répondre aux deux séries de questions et chacun d'eux note toutes les réponses obtenues.

4. Avant la remise du compte rendu final, former des équipes de quatre élèves (avec deux duos installés à proximité l'un de l'autre) pour favoriser une discussion qui permettra aux élèves de vérifier l'exactitude et la pertinence de leurs réponses.

5. De retour en duos, les élèves complètent, modifient, réorganisent ou justifient leurs réponses. Chaque élève remet sa propre feuille de questions et de réponses, mais elle doit être signée par les deux membres de l'équipe, gage de leur interdépendance positive et de leur responsabilisation.

Exemple pour la 2e dimension :
Tous les types de renseignements qu'on peut trouver dans un texte.

STRUCTURE

Table ronde
(Kagan, 1996)

Cette structure facilite les échanges démocratiques d'idées et d'opinions. Chaque coéquipier doit parler à son tour.

Démarche

1. Former des équipes de trois ou quatre élèves.

2. Proposer un thème de discussion aux élèves. Par exemple : « Nommez les rôles d'un technicien en éducation spécialisée. »

3. À tour de rôle, les membres de l'équipe exposent leur opinion sur ce thème ou proposent un élément de réponse.

4. Les membres de l'équipe cessent d'émettre des idées et tirent des conclusions de leur table ronde.

Exemple pour la 1re dimension :
Un succès que vous avez connu.

Exemples pour la 2e dimension :
- Que connaissez-vous sur ce sujet ?
- Nommez les stratégies de pensée critique utilisées par un bon policier.

Exemple pour la 3e dimension :
Quelle est votre opinion sur l'événement décrit dans l'article ?

Exemples pour la 5e dimension :
- Nommez une habileté coopérative utilisée pendant cette tâche.
- Nommez les qualités d'un bon étudiant.

STRUCTURE

Table ronde écrite
(Kagan, 1996)

Semblable à la précédente, cette structure favorise les échanges entre tous les élèves de la classe.

Démarche

1. Former des équipes de trois ou quatre élèves.

2. Proposer un thème aux élèves.

3. À tour de rôle et en utilisant une seule feuille, les membres de l'équipe notent chacun une idée.

4. Au bout de quelques minutes, chaque équipe échange sa feuille contre celle d'une équipe voisine.

5. Chaque équipe examine le travail qu'elle vient de recevoir et analyse les idées qui s'y trouvent. Chaque équipe tire une conclusion quant au thème abordé en fonction de la feuille de l'autre équipe.

(voir la suite page suivante)

6. Après un certain temps, un membre de chaque équipe est chargé d'aller écrire la conclusion arrêtée sur un grand carton fixé au mur.

7. Tenter d'obtenir un consensus du groupe-classe sur les conclusions retenues.

Exemples : *Voir « Table ronde », pages 96 et 97.*

STRUCTURE

Entrevue en trois étapes
(Kagan, 1996)

Cette structure permet de développer l'écoute active et la reformulation chez les élèves.

Démarche

1. Former des équipes de quatre élèves.

2. Présenter un sujet aux élèves sous forme de question.

3. Former deux duos à l'intérieur des équipes de quatre élèves.

4. Un élève questionne son partenaire, et vice versa (1 interroge 2, 3 interroge 4, et vice versa).

5. Ensuite, les quatre membres de l'équipe se regroupent et présentent à tour de rôle ce qu'ils ont appris de leur partenaire lors de l'entrevue (1 rapporte ce qu'il a appris de 2, 2 rapporte ce qu'il a appris de 1, et ainsi de suite).

Exemples pour la 1ʳᵉ dimension :
- Pourquoi avez-vous choisi ce programme d'étude ?
- Selon vous, comment pourrait-on aménager la classe pour faciliter votre travail ?

Exemple pour la 2ᵉ dimension :
Nommez deux concepts importants de ce module et décrivez-les.

Exemple pour la 3ᵉ dimension :
Classez ces concepts dans des catégories que vous déterminerez.

Exemple pour la 5ᵉ dimension :
Comment pouvez-vous appliquer cette connaissance ou cette habileté dans votre milieu de travail ?

STRUCTURE

Coins
(Kagan, 1996)

Cette structure facilite la formation d'équipes par champs d'intérêt.

Démarche

1. Identifier de 4 à 8 «coins» dans la classe où les élèves peuvent se regrouper selon leurs champs d'intérêt (exemple: un problème écologique que j'aimerais résoudre).

2. Fixer sur les murs de la classe (dans les coins spécifiés) des affiches, chacune identifiant un thème particulier et indiquant le nombre maximal d'élèves (4 ou 5) qui peuvent se regrouper sous ce thème.

3. Accorder quelques minutes aux élèves pour noter leurs choix, par ordre d'importance.

4. Les élèves se rendent ensuite dans le coin de la classe qui correspond à leur premier choix. S'il y a plus d'élèves que le nombre autorisé (4 ou 5), certains d'entre eux devront se rendre dans le coin représentant leur deuxième choix, et ainsi de suite. Cependant, il est possible de permettre à un nombre illimité d'élèves de choisir le même coin; il s'agit simplement de former ensuite des sous-équipes de 3 ou 4 personnes.

5. Lorsque les équipes sont formées, demander aux élèves de discuter entre eux de ce qui a motivé leur choix.

6. À ce stade-ci, les élèves peuvent poursuivre l'activité en travaillant, dans l'équipe qu'ils viennent de former, sur le thème choisi ou sur un thème différent.

Exemples pour la 1re dimension:
- Une valeur de la coopération qui est essentielle pour moi en tant qu'apprenant. Expliquer comment elle se traduit en comportements.
- Des domaines de l'activité humaine axés sur la coopération. Expliquer les répercussions du manque de coopération dans ce domaine.

Exemple pour la 4e dimension:
Un thème sur lequel j'aimerais faire une recherche.

Exemples pour la 5e dimension:
- Un concept que je trouve très difficile à comprendre.
- Un concept que je connais bien et au sujet duquel je pourrais donner des explications à quelqu'un.

STRUCTURE

Consultation des coéquipiers
(Kagan, 1996)

Cette structure permet de vérifier la compréhension d'un sujet par des questions précises qui portent sur la matière à l'étude.

Démarche

1. Former des équipes de quatre personnes ou utiliser des équipes de base existantes. Nommer les personnes qui tiendront les rôles suivants : lecteur et vérificateur du consensus.

2. Demander à tous les élèves de déposer leur crayon.

3. Le lecteur lit la première question portant sur la matière à l'étude.

4. Les élèves cherchent la réponse en discutant entre eux ou à l'aide d'un livre de référence.

5. Le vérificateur s'assure que chacun de ses coéquipiers a compris et est d'accord avec la réponse trouvée.

6. Quand il y a consensus, tous les élèves prennent leur crayon et écrivent la réponse dans leurs propres mots.

7. Les élèves passent à la deuxième question avec un nouveau lecteur et un nouveau vérificateur. On continue ainsi, chacun jouant à son tour le rôle de lecteur ou de vérificateur.

Exemple pour les 2ᵉ et 3ᵉ dimensions :
Trouvez l'information requise dans les textes, les notes du cours ou dans d'autres sources disponibles.

STRUCTURE

Trouve quelqu'un qui...
(Kagan, 1996)

Cette structure a pour but de faciliter la formation des équipes, de favoriser une meilleure connaissance des autres et d'instaurer un bon esprit de classe. Elle est utile pour « briser la glace » en début de session.

Démarche

1. Distribuer des copies d'une fiche semblable à celles de la page suivante.

2. Au signal, les élèves partent à la recherche de personnes possédant certaines caractéristiques ou compétences. Une personne ne peut signer plus d'une fois sur la même fiche.

3. Une fois le temps écoulé, il est possible de tenir une plénière pour découvrir si, au sein du groupe-classe, beaucoup d'élèves possèdent les mêmes compétences ou présentent des caractéristiques communes.

Variante

La chasse à la personne

Dans cette variante, les questions sont d'ordre personnel et les élèves doivent d'abord y répondre eux-mêmes avant de tenter de trouver d'autres élèves qui partagent au moins une réponse avec eux. Le cas échéant, l'élève appose sa signature sur la fiche de son camarade. Le jeu se poursuit ainsi jusqu'à ce que toutes les questions, ou presque, soient accompagnées d'une signature.

Exemple pour la 1re dimension:

Critère	Mon choix	Signature d'un camarade qui partage ce goût ou critère
a) Ma couleur favorite est...	*bleu*	*Pierre-Yves*
b) Mon signe astrologique est...	*balance*	*Tranh*
c) Mon type d'intelligence	*musicale/*	

Exemple pour la 2e dimension:

Trouve quelqu'un qui...	Signature d'un camarade qui répond à ce critère
a) peut nommer les cinq plus grands fleuves du monde.	
b) peut nommer les cinq villes les plus peuplées au monde.	*Jeanne*
c) peut situer sur la carte du monde les chaînes de montagnes suivantes: Oural, Saint-Élias et Drakensberg.	*Shuu-Li*
d) peut décrire la région du Sahel.	*Sylvain*
e) peut nommer les pays qui ont constitué l'U.R.S.S.	*Efi*

STRATÉGIE

Jetons de participation

Cette stratégie permet de mettre en pratique l'habileté connue sous le nom de « chacun son tour », qui favorise une participation égale des élèves dans les activités et les aide à prendre conscience de leurs interactions à l'intérieur d'une équipe.

Démarche

1. Chaque membre de l'équipe se munit de cinq menus objets (trombones, bouts de papier, crayon, etc.) qui tiendront lieu de jetons.

2. Au cours de la discussion, lorsqu'un élève désire prendre la parole, il dépose un de ses jetons au centre de la table. Une fois qu'il a utilisé ses cinq jetons, il ne peut plus intervenir et doit attendre que ses coéquipiers aient utilisé les leurs.

3. Lorsque plus personne n'a de jetons, chacun récupère les siens et on recommence le processus.

Exemple pour les 1re, 2e, 3e, 4e et 5e dimensions :
Discussion ou débat sur un sujet donné.

STRUCTURE

Horloge coopérative

Le but d'une telle activité est de constituer des équipes informelles de façon quasi instantanée.

Démarche

1. Distribuer à chaque élève la représentation d'une horloge semblable à celle de la page suivante.

2. Les élèves circulent dans la classe et prennent des rendez-vous fictifs avec douze personnes différentes en inscrivant leur nom à côté d'une heure.

3. Présenter un sujet de discussion ou une question et choisir une heure quelconque sur l'horloge. Par exemple : « Dressez la liste des étapes à suivre pour défendre une cause à la cour des petites créances. Il est quatre heures. »

4. Chaque élève rejoint le camarade dont il a inscrit le nom à cette heure et, ensemble, ils discutent de la question ou du sujet jusqu'à ce qu'ils reçoivent d'autres directives. Il est possible de conserver ces regroupements informels pour d'autres travaux.

5. Les élèves conservent leur horloge avec leurs rendez-vous pour une utilisation ultérieure.

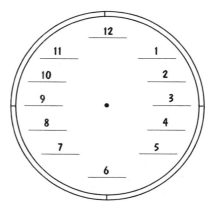

Exemple pour la 1re dimension:
Qui a exercé une influence prépondérante dans votre vie adulte?

Exemple pour la 2e dimension:
Discutez de l'étude de cas à laquelle vous avez participé.

Exemple pour la 3e dimension:
Analysez l'énoncé suivant...

Exemple pour la 5e dimension:
Quelles sont les qualités personnelles requises pour devenir infirmier au service des urgences?

STRUCTURE

Carte de remerciements

Cette structure est généralement utilisée en fin d'année pour favoriser les interactions et procéder à une critique constructive de la session. L'enseignant peut y participer avec les élèves.

Démarche

1. Distribuer une feuille de couleur à chacun des participants.

(voir la suite page suivante)

2. Les participants plient leur feuille en deux pour fabriquer une carte de remerciements. Sur le dessus, ils font un dessin ou écrivent les renseignements suivants :
   - leur nom ;
   - un symbole représentatif de leur personnalité ;
   - ce qu'ils ont réussi cette année, au collège.

3. Quand les participants ont terminé, ils font circuler leurs cartes dans la classe. Chacun écrit dans la carte qu'il reçoit des commentaires positifs destinés à son auteur et il la signe.

4. Tout le monde s'échange les cartes jusqu'à ce que chacune contienne la signature de tous les participants.

STRUCTURE

Promenade des connaissances
(Kagan, 1996)

Cette structure permet aux équipes d'échanger les résultats de leur travail sans pour autant faire d'exposé devant le groupe-classe.

Démarche

1. Les élèves préparent en équipes une exposition d'affiches traitant d'un sujet particulier.

2. Une fois les affiches terminées, les élèves les accrochent aux murs de la classe.

3. Les élèves regardent les affiches et recueillent des informations, qu'ils notent dans leur cahier ; ils commentent le travail en inscrivant leurs remarques sur une feuille prévue à cet effet, fixée au bas des affiches.

4. Les équipes se réunissent devant leur affiche respective pour y ajouter de l'information, apporter des corrections, lire simplement les remarques et discuter des commentaires.

Exemples pour les 2ᵉ et 3ᵉ dimensions :
- Schémas des concepts étudiés
- Modèles illustrant les concepts
- Cartes dessinées par chaque équipe
- Démarches de résolution de problèmes

STRUCTURE

Unité dans la diversité

Cette structure est utilisée pour développer l'esprit d'équipe.

Démarche

1. Prendre une feuille divisée en autant de parties égales qu'il y a de membres dans l'équipe. Inscrire le nom d'un membre dans chaque section de la feuille. Dessiner un cercle au centre (voir l'exemple ci-dessous).

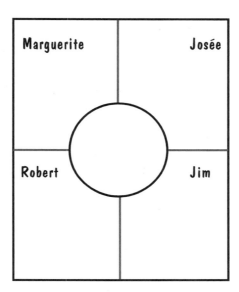

2. Simultanément, les élèves écrivent les réponses aux questions posées par l'enseignant (voir exemples ci-dessous). Ensuite, ils échangent des informations sur eux-mêmes afin de se trouver des points communs.

3. Quand un élément est commun à tous les membres, on l'inscrit dans le cercle.

Exemples de questions pour la 1re dimension :

a) À quel endroit voudriez-vous aller en voyage ?

b) À quel concert voudriez-vous assister ?

c) Quel est votre genre de musique préféré ?

d) Quel est votre cours préféré ?

STRUCTURE

Casse-tête d'expertise
(Aronson et autres, 1978)

Le but du casse-tête d'expertise est de favoriser l'acquisition de connaissances en visant le développement de la responsabilisation individuelle. Il s'agit d'une stratégie complexe qui requiert l'utilisation d'un certain nombre d'habiletés coopératives. Comme cette structure sollicite la confiance mutuelle des coéquipiers, il est préférable de la mettre en application avec les équipes de base, alors que l'esprit d'équipe est déjà développé.

Démarche

1. Diviser la classe en équipes hétérogènes ou utiliser des équipes de base existantes. Chaque membre de chacune des équipes choisit, ou se fait assigner, une partie du contenu à s'approprier (par exemple, 1re partie, 2e partie, 3e partie, 4e partie).

2. Les élèves sont ensuite regroupés d'après la partie du contenu qui leur est assignée et forment des équipes d'« experts ». Ils discutent et travaillent ensemble pour s'approprier le contenu.

3. Les élèves retournent à leur équipe d'origine. Chacun doit alors « enseigner » à son équipe d'origine le contenu dont il est responsable. Les équipes font ensuite un travail de synthèse ou d'application en incorporant tous les aspects étudiés.

4. Vérifier les connaissances acquises en réunissant le groupe-classe pour un retour sur la matière, en faisant une présentation devant la classe, en donnant un devoir aux élèves ou en leur faisant passer un examen individuel.

La figure ci-dessous illustre la répartition des élèves dans les équipes de travail, selon les étapes.

1.	ABCD	ABCD	ABCD	ABCD	⟵ 4 équipes de base
2.	AAAA	BBBB	CCCC	DDDD	⟵ 4 équipes d'experts
3.	ABCD	ABCD	ABCD	ABCD	⟵ retour aux 4 équipes du départ

Note : si la classe compte 20 élèves et plus, il faudra subdiviser chacune des équipes d'experts en deux équipes plus petites.

Exemple pour la 2e dimension :

1re étape : Poser quelques questions sur le thème à explorer.

2e étape : Étudier des textes ou autres ressources traitant de différents aspects de ce thème.

3e étape : Table ronde – mise en commun, réponses aux questions, développement d'un schéma collectif.

Exemple pour la 3e dimension :

1re étape : Remue-méninges en équipes sur quatre des huit questions de la 3e dimension et partage des ressources à consulter.

2e étape : Recherche avec les autres experts pour approfondir le savoir en faisant, par exemple, la déduction, l'analyse d'erreurs, la classification ou la comparaison.

3e étape : Mise en commun des résultats, formulation d'une vue globale du problème concerné.

Exemple pour la 4e dimension :

Dans le processus de résolution de problèmes, les équipes d'experts doivent se partager la tâche d'effectuer les recherches, chacune faisant porter ses efforts sur un aspect précis du problème. Une synthèse de leurs travaux leur permettra ensuite de trouver la meilleure solution.

STRUCTURE

Schématisation collective
(Abrami, et autres, 1996)

La schématisation collective est une structure complexe qui consiste à amener les élèves à construire en équipes des représentations visuelles des notions importantes et des relations qui existent entre elles, telles qu'elles sont présentées dans le cours. Utilisée efficacement, cette méthode peut préparer les élèves à comprendre un texte scolaire et accroître leur degré de compréhension ; elle peut aussi les encourager à évaluer leur compréhension des concepts présentés dans le cours ou qui font l'objet d'une recherche. Enfin, cette méthode peut également les aider à acquérir de nouvelles connaissances dans la 2e dimension.

Démarche

1. Chaque élève lit un texte, révise ses notes de cours ou consulte son journal de laboratoire, à la recherche des principales notions ou des concepts particuliers qui s'y trouvent. Pour faciliter l'organisation de

(voir la suite page suivante)

ces notions, il note ensuite chacune d'elles sur un feuillet autoadhésif qu'il place sur une feuille blanche.

2. Chaque équipe tente ensuite de répondre à la question : « Quels sont les liens entre ces idées ? » Chacun organise alors les concepts à sa manière et indique les relations entre eux de façon à en obtenir une représentation visuelle (réseau de concepts ou carte sémantique). Les relations peuvent varier selon les sujets. Voici quelques exemples de relations possibles : définition, type, caractéristique ou résultat.

3. Les membres de l'équipe s'expliquent leurs cartes sémantiques et en élaborent une version définitive commune.

4. Chaque équipe reproduit sa carte sur une affiche et la fixe au mur.

5. Les élèves se déplacent pour examiner les cartes sémantiques des autres équipes.

6. Après cette observation, les élèves se remettent en équipes pour discuter des différences qu'ils ont observées entre les cartes sémantiques, en prêtant une attention particulière à la façon dont l'information a été comprise.

7. En groupe-classe, discuter de toute erreur qui apparaît dans les schématisations et insister sur les différentes manières de conceptualiser le sujet traité.

Exemples pour la 2e dimension :
- Proposer à l'avance un schéma d'organisation des concepts présentés dans le cours.

Tout au long de la présentation ou de l'étude, accorder périodiquement du temps aux élèves pour qu'ils puissent individuellement faire un plan des concepts à l'aide du schéma qu'ils ont préalablement reçu. À la fin, les équipes tentent de trouver de nouveaux liens entre les concepts et élaborent un nouveau schéma collectif.

- Après un module d'étude, les équipes élaborent un schéma collectif et le comparent aux schémas des autres équipes.

STRATÉGIE

Étude de cas en coopération
(Smith, 1993)

La stratégie suivante devrait être utilisée dans une activité à long terme dans la 4e dimension d'apprentissage. Elle requiert une planification préalable de la part de l'enseignant et, pour cette raison, doit être incluse dans le plan de cours et évaluée en conséquence.

La méthode de l'étude de cas est de plus en plus souvent employée, et avec beaucoup de succès, au collégial. Elle peut notamment servir pour l'épreuve de synthèse. Les élèves qui effectuent des études de cas participent activement à un processus d'apprentissage expérimental et de pensée créatrice. Une étude de cas est axée sur un problème réel pour lequel il n'y a pas de réponse vraie ou fausse évidente, mais qui requiert une solution originale. L'application des principes de la pédagogie coopérative mène à une discussion constructive sur le dilemme ou le cas à résoudre.

On peut proposer l'étude d'un cas réel qui génère de multiples points de vue et qui requiert une écoute active, une reformulation des données ainsi que le choix d'une perspective, et enrichir cette expérience grâce à la pédagogie coopérative. La formation des équipes doit être faite avec soin de façon à bien refléter la diversité qui existe dans la classe. Il peut être plus pratique d'utiliser les équipes de base déjà formées parce que le travail de cohésion et d'établissement de normes favorisant le fonctionnement harmonieux de chacun est déjà accompli. Les liens affectifs établis contribueront à l'efficacité de l'équipe durant l'étude de cas. Tous les membres de l'équipe doivent comprendre le but commun de travail et être au courant des critères qui seront appliqués dans l'évaluation individuelle subséquente. L'activité doit être soigneusement structurée et ménager clairement une place à l'interdépendance et la responsabilisation individuelle (voir chapitre 1, page 8).

Démarche

1. Proposer un cas (problème à résoudre, scénario, faits historiques, cas réel) à chaque équipe. Les coéquipiers discutent ensemble des différents aspects de ce cas.

2. Recherche individuelle : Chaque élève élabore ou se fait poser deux ou trois questions relatives à son sous-thème. À ce stade initial de l'étude de cas, chacun doit effectuer une certaine part de recherche et de préparation pour stimuler la discussion du cas en équipe à l'étape suivante.

3. Table ronde : Chaque élève présente ensuite à son équipe ses réponses aux questions qu'il a étudiées pendant que les autres membres de l'équipe l'écoutent et établissent des liens entre ses explications et leur propre sujet.

4. Présentation : L'équipe choisit un porte-parole qui présentera un résumé des délibérations de l'équipe au groupe-classe. Il faut encourager ces porte-parole à utiliser une variété de modes de présentation pour faciliter la compréhension de leurs exposés.

5. Réflexion critique : Les élèves examinent leurs propres comportements qui influencent la productivité.

STRATÉGIE

Controverse créative
(Johnson et Johnson, 1992)

La controverse créative est une stratégie utilisée dans les activités de la 3e et de la 4e dimension d'apprentissage. Elle permet aux élèves d'effectuer une recherche en profondeur sur un sujet de controverse, de prendre position et d'élaborer des arguments pour défendre leurs points de vue. Tout en faisant appel à l'aspect affectif de l'apprentissage, la controverse créative favorise une compréhension en profondeur d'un sujet et permet le développement d'habiletés en pensée critique et en créativité (5e dimension). Elle requiert une planification préalable de la part de l'enseignant et, pour cette raison, doit être incluse dans le plan de cours et évaluée en conséquence.

Voici les idées qui sous-tendent une controverse :

- il y a différentes interprétations d'un événement ou d'un fait ;
- les tenants de chaque position croient en son bien-fondé ;
- les conflits proviennent du choc de ces positions ;
- la négociation permet la résolution pacifique du conflit.

Les élèves sont amenés à se rendre compte que l'information n'est jamais complète et qu'il faut connaître tous les aspects d'un sujet pour développer un point de vue qui soit le plus objectif possible.

Dans les cours, les occasions ne manquent pas de présenter différentes interprétations d'un même problème. Les débats simulés entre les défenseurs de différentes théories ou entre les parties intéressées dans une question quelconque constituent probablement le moyen le plus efficace de structurer l'apprentissage expérimental au sein d'une classe. Cette méthode met les élèves comme les enseignants au défi de considérer le contenu du cours de façon à la fois critique et partisane.

Dans cette stratégie, les élèves prennent position dans un débat, mais seulement après avoir préparé leurs arguments avec d'autres élèves dans une équipe d'experts (comme dans la structure « casse-tête d'expertise », page 106).

Démarche

1. Choisir les thèmes qui, à l'intérieur du programme, peuvent être explorés en fonction de différents points de vue. On trouve à la page suivante quelques exemples.

- en travail social, l'interprétation d'un cas d'assistance sociale selon différentes perspectives historiques ;
- en sciences politiques, le rôle de l'OTAN dans l'ancienne Yougoslavie – les positions des négociateurs de l'OTAN, des Serbes, des Albanais et des Russes ;
- en génie, la construction des barrages – les positions des propriétaires de terrains, des consommateurs d'énergie, des environnementalistes, des promoteurs ;
- en littérature, la vision du monde selon la perspective de quatre auteurs significatifs pour leur époque ;
- en sciences infirmières, l'importance d'un traitement particulier du point de vue du patient, de l'infirmière, du médecin spécialiste et de l'administration de l'hôpital.

2. **Donner des directives :** Expliquer la structure de l'activité. Présenter les thèmes. Fournir des renseignements généraux sur les thèmes, sur les positions existantes ainsi que sur les critères d'évaluation. Comme les élèves doivent effectuer une recherche sur une position en particulier et préparer des arguments à l'appui, leur indiquer les ressources à utiliser, qui peuvent inclure des entrevues aussi bien que des sources d'information plus traditionnelles. Les élèves forment des équipes d'origine ou joignent leurs équipes de base. Chaque membre d'une équipe travaille sur un point de vue différent de celui de ses coéquipiers.

3. **Passer au travail en équipe d'origine :** Les membres de chaque équipe étudient les textes proposés et reçoivent des informations supplémentaires de l'enseignant sur le thème étudié. Ils choisissent ensuite, sciemment ou au hasard, une des positions qui seront défendues.

4. **Travailler en équipe d'experts :** Les élèves forment des équipes d'experts, chacune représentant une position précise. Selon le nombre d'élèves dans la classe et le nombre de positions possibles, il peut être nécessaire de subdiviser ces équipes de manière qu'elles ne comptent pas plus de quatre membres.

Les experts effectuent ensemble une recherche sur la position qui leur est attribuée. Cette étape requerra probablement des périodes de travail en dehors de la classe, périodes consacrées à la consultation de diverses sources d'information. Les experts préparent ensuite une synthèse de leurs recherches ainsi que des arguments clairs pour appuyer « leur » point de vue. Ils doivent aussi préparer des questions à poser aux partisans des autres points de vue. S'il y a plus d'une équipe d'experts pour chaque position, les sous-groupes doivent consacrer un certain temps à comparer et à améliorer leurs travaux avant d'en venir à l'étape suivante, celle du débat.

(voir la suite page suivante)

5. **Débattre en équipe**: Comme dans la structure du casse-tête d'expertise (voir page 106), les experts reviennent à leur équipe d'origine et un débat a lieu à l'intérieur de l'équipe et est suivi d'une autoévaluation interne. Il est également possible d'organiser un débat devant la classe plutôt que dans chacune des équipes. Pour ce faire, chaque groupe d'experts délègue un porte-parole qui va les représenter (équipe représentative, voir page 23).

STRATÉGIE

Enquête en équipe
(Sharan, 1990)

Cette stratégie nécessite la restructuration d'une partie du plan de cours et montre l'intérêt qu'il y a à présenter un programme basé sur les compétences. Une enquête en équipe convient particulièrement bien à des projets d'étude intégrés au programme et dans lesquels il faut acquérir et analyser de l'information, et en faire la synthèse dans le but de résoudre un problème qui présente de multiples aspects. Elle est très utile à l'enseignement dans la 4e dimension. Toutefois, comme il s'agit d'une stratégie relativement complexe, nous recommandons que la structuration de ce type d'apprentissage en coopération se fasse après que l'enseignant et les élèves ont eu l'occasion de participer à des formes plus simples d'activités coopératives. Voici certains éléments dont il faut tenir compte avant de proposer une enquête en équipe aux élèves.

• Pour que la mise en œuvre de l'enquête en équipe soit une réussite, les élèves doivent recevoir une formation préalable en matière d'habiletés sociales et de communication. Comme ils sont stimulés à se lancer dans l'exploration d'un nouveau contenu – un processus complexe compte tenu des habiletés cognitives et sociales en cause –, cette étape préparatoire est particulièrement importante. Avant de commencer une enquête en équipe, les élèves comme leur enseignant doivent avoir fait l'expérience de différentes activités scolaires et non scolaires qui permettent la pratique de comportements favorisant la coopération en classe. L'introduction graduelle de tâches et d'activités coopératives aide enseignant et élèves à acquérir des habiletés en matière de communication et d'entraide ainsi que les rudiments de la dynamique des petits groupes.

• La tâche scolaire devrait être conçue de façon à favoriser l'émergence de différents types de contributions chez les membres d'une équipe. Comme telle, elle ne vise donc pas à générer des réponses à des questions de faits (par exemple, qui, quoi, quand, etc.). En général, l'enseignant choisit un vaste thème que les élèves divisent en sous-thèmes. Dans le cours de leur enquête, les élèves cherchent des renseignements en consultant diverses sources à l'intérieur et à l'extérieur de la classe. Ces sources (entre autres, des livres, des organismes et des personnes) leur offrent un éventail d'idées, d'opinions, de données, de solutions ou de positions concernant le problème à l'étude. Les membres de l'équipe évaluent ensuite l'information fournie par chacune d'elles et en font une synthèse de façon à obtenir un produit collectif.

- L'élément essentiel de l'enquête en équipe est la **planification en coopération** de cette activité par les élèves. Les membres de chaque équipe prennent part à la planification des différentes étapes qui leur permettront de mener leur projet à terme. Ensemble, ils déterminent ce qu'ils veulent étudier pour résoudre le problème, les ressources qui seront nécessaires à la réalisation de l'enquête, la distribution des tâches à l'intérieur de l'équipe et la forme que prendra la présentation de leur enquête au reste de la classe lorsque le projet sera terminé. De cette manière, les élèves assument la responsabilité de leurs décisions relatives à la nature de leur enquête – un facteur déterminant quand il s'agit d'accomplir avec succès une tâche complexe. Ces décisions sont prises grâce à un échange mutuel d'idées. Les élèves développent ensuite des outils de planification et d'organisation de leur projet (voir page 116). En général, la division du travail au sein d'une équipe reflète une interdépendance des tâches.

Il faut présenter les habiletés nécessaires à la planification en coopération de façon graduelle pour que les élèves puissent les mettre en application dans diverses situations avant d'entreprendre un projet d'enquête de grande envergure. Des discussions en groupe-classe ou en petits groupes permettent de trouver des idées pour faciliter l'exécution de n'importe quel aspect d'une activité. Dans ces discussions, les élèves peuvent participer à la planification d'activités à court terme, qui s'étendent sur une seule période de cours, ou d'activités à long terme. Toute forme d'activité, de la suggestion de sujets particuliers à étudier à l'élaboration de règles de respect mutuel en classe, convient à la planification en coopération.

Démarche

En planifiant et en réalisant une enquête en équipe, les élèves passent par une série de six phases. Ces phases et les étapes qui les composent sont décrites à la page 114. Évidemment, les enseignants devront adapter ces directives en fonction des connaissances et des expériences

(voir la suite page suivante)

antérieures des élèves, de leurs habiletés ainsi que des contraintes de temps ; mais elles sont suffisamment souples pour pouvoir être appliquées à un vaste éventail de situations.

1re phase : Le choix du thème

Le groupe-classe détermine le thème à étudier et les élèves forment des équipes de travail. Cette phase est consacrée à tout ce qui concerne l'organisation. Présenter une question ou un problème général, fournir aux élèves suffisamment de renseignements de base et les laisser déterminer et choisir les différents sujets qu'ils étudieront en fonction de leurs intérêts et de leur orientation scolaire.

1. La première étape consiste en une planification en coopération à l'échelle du groupe-classe qui peut se dérouler d'une des manières suivantes :

    a) Présenter le problème au groupe-classe et demander : «Quel aspect de ce problème voulez-vous approfondir ?» Chaque élève suggère alors des questions auxquelles il voudrait répondre.

    b) Les élèves se réunissent en équipes informelles et chacun exprime ses idées sur ce qu'il voudrait étudier. Le secrétaire de chaque équipe note toutes les idées proposées et en fait ensuite le compte rendu au groupe-classe. Après une brève discussion en classe, les élèves établissent une liste commune des suggestions de sous-thèmes à étudier.

    c) Chaque élève note ses suggestions. Ensuite, il se joint à un camarade pour les lui présenter. Le processus se poursuit alors au sein d'une équipe plus importante, soit de quatre ou même de huit personnes. À chaque étape, les membres de l'équipe comparent leurs listes, éliminent les répétitions et dressent une liste commune. La liste finale tient compte de ce qui intéresse chacun des membres de l'équipe. Il est important de laisser les discussions se poursuivre jusqu'à ce que les élèves parviennent à un consensus sur les objets de discussion.

2. L'étape suivante consiste à faire connaître toutes les suggestions au groupe-classe ; on peut les inscrire au tableau, les afficher sur le mur ou en distribuer une liste à chaque élève.

3. Une fois que chaque élève a en main la liste de l'ensemble des suggestions, il est nécessaire de classer ces dernières par catégories. Pour ce faire, on peut utiliser l'une des trois méthodes décrites ci-dessus. Le produit final inclut nécessairement les idées et les intérêts de tous les membres de la classe. Ces idées et ces intérêts sont alors proposés comme sous-sujets pour les enquêtes en équipes.

À cette étape, l'interaction entre élèves, et entre élèves et enseignant, permet aux différents membres des équipes de participer activement aux choix et aux décisions qui déterminent les objectifs de leurs enquêtes. Par conséquent, deux groupes-classes peuvent étudier le même thème général mais se distinguer par leurs sous-sujets, qui reflètent les intérêts particuliers des membres de chaque classe.

4. À l'étape finale de cette phase, il faut faire la présentation des sous-sujets au groupe-classe.

La formation des équipes s'effectue en fonction des intérêts des élèves. Autrement dit, chacun se joint à l'équipe qui étudie le sous-sujet de son choix. Il vaudrait peut-être mieux limiter le nombre d'élèves par équipe. Si un sous-sujet est particulièrement populaire, rien n'empêche de former deux équipes pour l'étudier. Puisque l'enquête reflète les intérêts et les besoins des membres d'une équipe, chacun devrait réussir à créer un produit original malgré un sous-sujet commun.

Vous aurez peut-être l'impression que la phase de planification vous fait perdre un temps précieux, mais il s'agit d'une partie importante d'un processus qui vise à stimuler la motivation des élèves et à structurer la responsabilisation individuelle, et qui contribuera à l'efficacité de l'équipe à long terme. Le temps investi dans ce processus sera donc loin d'être perdu!

2e phase : La planification de l'enquête en équipe

Après s'être joints à une équipe, les élèves réfléchissent au sous-sujet de leur choix. À ce stade du travail, les membres de l'équipe doivent déterminer l'aspect du sous-sujet que chacun d'eux étudiera, seul ou en équipe de deux. Les élèves doivent consacrer un certain temps à l'organisation de leur équipe pour décider de la façon dont ils procéderont dans leur enquête et des ressources dont ils auront besoin pour la mener à terme. Ils doivent formuler un problème sur lequel il est possible d'effectuer une recherche et établir la ligne de conduite qu'ils adopteront.

De nombreuses équipes trouvent utile de remplir une «feuille de programmation» qui leur indique les questions à régler à l'étape de la planification. Un tel formulaire pourrait ressembler à ceci:

Sujet de recherche: _____

Membres de l'équipe	Sous-thèmes à étudier	Tâches à accomplir
1.		
2.		
3.		
4.		

(voir la suite page suivante)

On pourrait afficher en classe la feuille de programmation de chaque équipe, montrant ainsi que le groupe-classe est un grand groupe comportant de petits groupes. Chaque élève contribue à l'enquête de son petit groupe et chaque groupe contribue à l'étude que fait le groupe-classe d'un sujet dans son ensemble.

Le tableau suivant propose un résumé de la démarche élaborée par la classe.

Sujet de recherche : _____

Phases et sous-étapes	Membres de l'équipe			
	1	2	3	4
Exploration des sous-sujets (50 minutes)				
Compte rendu devant l'équipe et période de questions (50 minutes)	Questions à résoudre :			
Élaboration en classe de l'échéancier de travail (20 minutes)				
Recherche individuelle (50 minutes)				
Échange en équipe et rapport au comité directeur de la classe (20 minutes)	Problèmes soulevés :			
Recherche individuelle à l'extérieur de la classe				
Compte rendu devant l'équipe et préparation de la présentation du rapport final (3 X 50 minutes)				
Compte rendu devant le comité directeur, préparation du calendrier des présentations (10 minutes)				

3e phase : La recherche, l'analyse

Les membres des différentes équipes doivent maintenant mettre à exécution les plans qu'ils ont établis relativement au contenu de leur enquête et à la méthode qu'ils utiliseront. Habituellement, il s'agit de la plus longue phase du processus. Même lorsqu'on fixe une limite de temps, il n'est pas toujours possible de prévoir le nombre exact d'heures dont les élèves auront besoin pour compléter leur enquête. La recherche a lieu en dehors de la classe, pendant les temps libres des élèves. Il serait souhaitable d'accorder aux équipes du temps en classe pour une exploration préliminaire de leurs sous-sujets et pour l'élaboration d'un calendrier de travail détaillé, incluant, entre autres, des périodes de planification supplémentaires.

Voici un exemple de calendrier de travail que les équipes peuvent utiliser pour leur enquête. Les élèves inscrivent leur rôle et leurs tâches à accomplir dans chacune des cases.

Étapes	Membres de l'équipe			
	1	2	3	4
Période de planification en équipe				
Tâches (ou responsabilités) individuelles				
Période de planification en équipe				
Réunion du comité directeur				
Tâches (ou responsabilités) individuelles				
Réunion du comité directeur				
Compte rendu en classe				

(voir la suite page suivante)

4ᵉ phase : La synthèse, la préparation d'un rapport final

Cette phase constitue la transition entre l'étape de la cueillette et de l'organisation des données et celle au cours de laquelle l'équipe présentera les résultats de son travail sous forme de compte rendu au groupe-classe. Il s'agit d'abord et avant tout d'une étape de consolidation pendant laquelle les élèves résument l'idée maîtresse de leur projet d'équipe, réunissent tous les éléments qui composent leur recherche en un tout cohérent et planifient une présentation à la fois instructive et intéressante de leur enquête.

Comment la classe planifie-t-elle l'étape finale des présentations ? À la fin de la phase de la recherche, l'enseignant peut demander à chaque équipe de nommer un de ses membres pour la représenter au sein d'un comité directeur. Ce comité prendra connaissance du sommaire du compte rendu de chaque équipe. Il recevra toutes les demandes de matériel, s'occupera de coordonner les horaires et s'assurera que les idées proposées pour les présentations sont à la fois réalisables et intéressantes. L'enseignant joue ici un rôle de conseiller : il aide le comité, si nécessaire, en veillant à ce que le plan de chaque équipe rende possible une participation de tous ses membres.

Certaines équipes déterminent la nature de leur rapport final dès le moment où elles commencent à travailler. D'autres ne le font qu'à la 4ᵉ phase ou ne l'élaborent que petit à petit pendant qu'elles travaillent activement à leur recherche. Même si elles commencent à avoir des idées pendant la phase de la recherche, les équipes auront besoin de temps supplémentaire pour discuter de façon systématique du plan de leur rapport final. La phase de planification transitoire est nécessaire, d'autant plus que, pendant ce temps, les élèves commencent à assumer un nouveau rôle, celui d'enseignant. Il est vrai que, tout au long du travail, les membres des équipes se seront tenus au courant de ce qu'ils ont fait et de ce qu'ils ont ou n'ont pas compris. En ce sens, ils auront exercé une sorte de tutorat auprès de leurs pairs bien avant la 4ᵉ phase. Toutefois, ils s'apprêtent maintenant à dresser des plans pour déterminer comment ils enseigneront à leurs camarades l'essentiel de leurs découvertes d'une manière plus structurée. Par conséquent, au cours d'une enquête en équipe, chaque élève assume différents rôles, dont ceux de planificateur, de chercheur et d'enseignant.

Voici quelques directives, que vous adresserez au comité directeur, qui vous permettront d'aider les équipes à préparer leur rapport final au cours de la dernière phase de travail.

Directives pour les rapports finaux

- Mettre l'accent sur les idées maîtresses et sur les principales conclusions de l'enquête.
- Renseigner la classe sur les sources consultées et sur la façon dont ont été obtenus les renseignements présentés.
- Établir et respecter les limites de temps.
- Prévoir du temps pour les questions et les réponses.
- Maximiser la participation de l'auditoire à la présentation en posant des questions ; éviter de lui imposer de longues périodes d'écoute.
- S'assurer que chaque membre de l'équipe contribue à la présentation et y joue un rôle important ; tâcher d'éviter qu'il y ait des « vedettes » et des élèves qui se tiennent en retrait durant la présentation.
- S'assurer que tout l'équipement ou le matériel nécessaire a été demandé et que les membres de l'équipe savent s'en servir.
- Communiquer ses idées clairement et de façon succincte en s'adressant à l'auditoire, mais éviter le plus possible le cours magistral.
- Penser à des problèmes que les autres élèves pourront résoudre grâce à ce qu'ils auront appris durant la présentation.
- Utiliser une variété de procédés tenant compte des intelligences multiples des membres du groupe.
- Animer de véritables débats devant l'auditoire si le sujet s'y prête.
- Se servir de son imagination pour stimuler l'intérêt de l'auditoire.
- Distribuer un résumé des principaux éléments de la présentation.
- On peut aussi utiliser des outils d'évaluation comme guide pour les exposés (voir annexe 11, page 154).

5e phase : La présentation du rapport final (la communication)

Les équipes sont maintenant prêtes à présenter leur rapport final à la classe. Pendant cette phase, les différentes équipes se réunissent et reforment le groupe-classe.

Par exemple, dans un cours d'histoire portant sur la démocratie dans la Grèce antique, une équipe a décidé de simuler un procès semblable à ceux qui avaient lieu à cette époque. La classe entière est devenue l'assemblée des citoyens et les juges ont été choisis parmi le « peuple » par tirage au sort. Les élèves ont reproduit autant d'éléments historiques dans leur procès qu'ils ont pu en découvrir dans leurs manuels. Dans la même classe, une autre équipe a préparé un jeu-questionnaire sur la mythologie grecque qu'elle a illustrée par des reproductions sur diapositives. Une troisième équipe a exposé un plan à grande échelle du Parthénon, que ses membres avaient reproduit eux-

(voir la suite page suivante)

mêmes, et a offert à la classe une visite guidée. D'autres encore ont travaillé sur les Jeux olympiques, sur un dictionnaire des termes grecs employés dans le langage moderne, sur un sketch satirique décrivant le combat entre Achille et Hector pour démontrer les principes de la tragédie grecque.

Ces activités ont constitué pour les élèves autant d'occasions d'allier des travaux intellectuels à une expérience émotive profonde. Tous les élèves de la classe ont pu participer à un grand nombre de présentations en exécutant diverses tâches et en répondant à des questions. Il ne s'agissait donc pas ici de simplement remplir des rôles et de réciter des phrases apprises d'avance.

6e phase : L'évaluation

Dans l'enquête en équipe, l'évaluation de l'apprentissage devrait porter sur différents éléments : les habiletés de réflexion de niveau supérieur des élèves relatives au sujet à l'étude ; les moyens qu'ils ont utilisés pour explorer certains aspects de ce sujet ; la manière dont ils ont appliqué leurs connaissances à la résolution de nouveaux problèmes ; l'emploi de leurs déductions, découlant de ce qu'ils ont appris, dans les discussions sur des questions qui requéraient de l'analyse et du jugement ; et la façon dont ils ont tiré des conclusions de l'étude d'ensembles de données. Le meilleur moyen de mener ce type d'évaluation consiste à se former une opinion « cumulative » sur le travail de chaque élève pendant toute la durée du projet de recherche.

En effet, une telle évaluation doit prendre en compte non seulement le résultat (les connaissances déclaratives et procédurales acquises), mais aussi le processus (la participation de l'élève mesurée à l'aide des autoévaluations et des observations de ses pairs et de l'enseignant).

Dans l'exemple précédent, l'enseignant du cours d'histoire sur la Grèce antique a proposé à sa classe un jeu-questionnaire sur la démocratie qui comportait les questions suivantes : « Quelles sont les erreurs qui ont contribué à affaiblir l'Empire grec ? » « Quels facteurs les Grecs contrôlaient-ils et comment ces derniers auraient-ils pu changer le cours de l'histoire ? » « Quelles leçons du passé peut-on appliquer à la démocratie moderne ? » Ces questions ont permis à l'enseignant d'évaluer la synthèse du module plutôt qu'un ensemble de sujets particuliers et, ainsi, elles convenaient mieux à sa stratégie d'enseignement.

Il existe différentes manières d'amener les élèves à collaborer avec l'enseignant à l'évaluation de leur propre apprentissage. Un exemple de cette collaboration est l'évaluation par les pairs (voir annexe 10, page 153).

En voici un autre exemple : chaque équipe de recherche soumet cinq questions à l'enseignant, qui en choisit deux. Dans une classe de sept équipes, l'examen final comptera donc 14 questions. Entre-temps, chaque élève reçoit une feuille contenant toutes les questions composées par les différentes équipes et est prévenu que l'examen portera sur quatorze de ces trente-cinq questions. L'examen doit avoir lieu une ou deux semaines plus tard. Pour se préparer, les élèves doivent soigneusement réviser la matière qui leur a été présentée parce que les équipes ont eu pour consigne d'élaborer des questions tirées de leurs rapports finaux.

Rien n'empêche les élèves de discuter de leurs réponses avec des membres de chaque équipe de recherche après la remise des copies d'examen. Ce type d'examen peut alors devenir une expérience d'apprentissage importante pour tous ceux qui y participent.

Une autre méthode d'évaluation consiste à inviter les élèves à reconstruire le processus de recherche et à présenter les grandes lignes des différentes étapes de leur travail. Ils devraient aussi analyser la façon dont les différentes équipes ont contribué aux progrès des autres équipes. Il est également possible de demander à chaque élève de préparer un plan de ses propres activités et de décrire par écrit la manière dont son travail a servi à compléter celui des autres membres de son équipe et a contribué aux progrès de l'équipe de recherche dans son ensemble. L'évaluation par reconstruction aidera les élèves à élargir leur perspective et à développer leur sens critique relativement aux procédés qu'ils ont employés et aux résultats qu'ils ont obtenus, ce qui améliorera leur habileté à planifier des projets de recherche dans l'avenir (voir 2e phase, page 115).

Ces méthodes d'évaluation peuvent contribuer à faire germer chez l'élève une véritable objectivité cognitive dans l'appréciation de ses propres efforts en recherche. Cette objectivité, qui constitue l'essence même de la pensée scientifique, permet de mettre en application les processus inhérents à la cinquième phase de l'apprentissage, soit l'autodiscipline, la pensée critique et la pensée créatrice.

Certains manuels proposent d'autres exemples de ce type de structuration de l'apprentissage, qu'on appelle parfois « le travail en projet » (Francœur-Bellavance, 1997, et Morissette-Pérusset, 2000). Nous vous recommandons la lecture de ces ouvrages dans le but de découvrir d'excellents outils de planification et d'évaluation continue.

FIGURE 6.1 Concepts principaux du chapitre 6

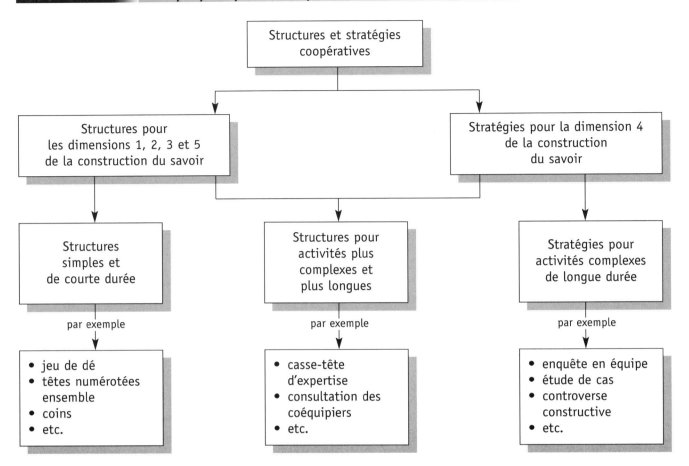

Comment réagir aux comportements des élèves en situation de coopération ?

▶ Est-ce que je risque de perdre la maîtrise de ma classe si j'utilise la pédagogie coopérative ?

▶ Que faire lorsqu'un élève ne participe pas ?

▶ Comment traiter les leaders qui ont un comportement négatif au sein d'un groupe ?

Si vous avez décidé d'appliquer des méthodes de pédagogie coopérative à votre enseignement, vous vous demandez peut-être comment faire pour assurer le bon fonctionnement de la classe. Dans ce chapitre, nous vous faisons quelques suggestions sur la façon de réagir à certains comportements des élèves pendant les activités coopératives.

De nombreux enseignants hésitent à utiliser la pédagogie coopérative car ils s'interrogent sur ce que les élèves peuvent réellement apprendre avec ce type de pédagogie. Leur insécurité provient aussi en partie de l'impression que cette pédagogie ne leur permettra plus de maîtriser le comportement des élèves. «Si je leur laisse plus de latitude, accepteront-ils encore de m'écouter?» C'est une question importante qui surgit lorsqu'on met la coopération à l'essai dans une classe.

Si vous parvenez à accroître l'autonomie et le sens des responsabilités de vos élèves, vous pouvez créer en classe une culture de contrôle interne, où les élèves deviennent les principaux agents régulateurs de leurs comportements, plutôt qu'externe. Il existe différentes manières d'obtenir ce résultat. D'abord et avant tout, les activités menant au développement de l'esprit de classe et de l'esprit d'équipe, effectuées au stade préliminaire, génèrent chez les élèves un sentiment de cohésion et d'engagement mutuel à effectuer l'apprentissage. Il vous faudra peut-être un certain temps avant de vous habituer à ce déplacement du pouvoir dans votre classe mais, si vous persévérez, le résultat final récompensera largement vos efforts.

Malgré la motivation et la bonne volonté de chacun, des problèmes peuvent survenir. En tant qu'enseignant, votre rôle consiste à observer et à guider les élèves pour qu'ils puissent parvenir à résoudre des conflits ou à surmonter des difficultés de façon autonome. Par moments, vous devrez donc assumer un rôle plus résolument directeur pour mettre un terme à un comportement qui perturbe une équipe ou même la classe entière.

Voici quatre types de comportements qui se manifestent le plus fréquemment dans les activités coopératives.

L'élève réticent[1]

Les élèves qui répugnent à entreprendre des activités coopératives souffrent souvent d'un manque de confiance en eux-mêmes ou dans la capacité des autres d'être les partenaires de leur apprentissage. Ils ont besoin de faire l'expérience du succès. Il est possible de concevoir des activités qui mettent en lumière les talents ou les points forts de ces élèves peu enclins à la coopération. Il s'agit de créer des situations où ils pourront développer une certaine confiance en eux-mêmes et dans les autres, puis de les inviter à travailler avec leurs camarades à l'exploration de la matière.

On peut aussi permettre à ces élèves de ne pas prendre part à certaines activités pourvu qu'ils comprennent l'importance de leur contribution aux activités qui suivront.

On peut reconnaître un élève réticent aux caractéristiques suivantes:
• Il s'éloigne physiquement des autres.

....

1. Les catégories d'élèves dans ce chapitre ont été inspirées par l'ouvrage de P.C. ABRAMI et autres, 1995, *L'apprentissage coopératif: théories, méthodes, activités,* Montréal, Les éditions de la Chenelière.

- Il veut travailler seulement avec ses amis.
- Il utilise les expressions suivantes : «Je ne sais pas comment», «Je ne veux pas», «Est-ce que je dois le faire ?», «Pourquoi ?», «Je n'aime pas travailler en équipe».
- Il se montre peu convaincu, interrogateur.
- Il ne prend pas la parole.
- Il trouve des excuses pour ne pas participer aux activités.
- Il peut se montrer ergoteur.
- Il montre des signes de désarroi au moment où l'enseignant l'assigne à une équipe.

Stratégies à utiliser avec un élève réticent

Pour favoriser une saine participation d'un élève réticent, vous pouvez :
- le rencontrer seul et essayer de trouver la raison de son comportement ;
- lui donner un encouragement verbal ;
- remarquer et prendre en considération son appréhension ;
- vous intéresser à ce qu'il peut faire ;
- expliquer de nouveau la tâche ;
- vous assurer qu'il est en mesure de «structurer» sa propre réussite ;
- lui donner l'impression qu'il est normal de se tromper de temps à autre ;
- structurer l'encouragement par les pairs ;
- établir une forte interdépendance à l'aide de rôles, d'objectifs et de tâches à l'intérieur de l'équipe ;
- lui accorder le temps nécessaire pour développer une attitude propice à la coopération (parfois le laisser travailler seul, mais en lui laissant savoir qu'il sera toujours possible de rejoindre une équipe).

L'élève timide

En pédagogie coopérative, il est préférable, avec tous les types d'élèves mais particulièrement avec ceux qui sont timides, de commencer avec des équipes de deux personnes. Les activités qui favorisent le développement de l'esprit d'équipe et le temps consacré à enseigner les valeurs de la coopération que sont la confiance, l'ouverture aux autres et le droit à l'erreur préparent le terrain à toutes les interactions coopératives et profitent aux élèves timides.

Les enseignants favorisent l'intégration des élèves timides lorsqu'ils s'emploient à leur adjoindre certains de leurs camarades susceptibles de compassion, qu'ils auront mis au courant de la situation avant l'activité de regroupement. Dans ces conditions, les élèves plus ouverts ne considéreront pas le fait de travailler avec un camarade timide comme une punition, mais ils comprendront plutôt l'importance de leur rôle dans une équipe restreinte. Il faut tenter de découvrir les points forts ou les habiletés particulières de l'élève timide et les mettre en valeur.

Il est important de se rappeler que tout élève a le droit de remettre à plus tard l'obligation de prendre la parole au sein de son équipe ou devant l'ensemble de la classe. Avec le temps, le respect mutuel et la confiance susciteront chez l'élève timide le désir de participer plus activement aux activités coopératives.

Les élèves timides tendront à manifester de l'introversion aussitôt qu'il sera question d'une forme quelconque d'interaction avec leurs pairs.

On peut reconnaître un élève timide aux caractéristiques suivantes :
- Il garde les yeux baissés.
- Il reste silencieux.
- Il évite de regarder les gens droit dans les yeux.
- Il donne des réponses très brèves.
- Il ne participe pas aux activités.

Stratégies à utiliser avec un élève timide

Pour favoriser une saine participation d'un élève timide, vous pouvez :
- employer la douceur et éviter toute confrontation ;
- lui faire prendre conscience de ses compétences ;
- lui assigner des tâches individuelles pour qu'il se sente important ;
- l'inviter à participer aux activités sans le forcer ;
- lui poser des questions directement ;
- le mettre dans des situations structurées de manière à assurer la réussite du projet entrepris ;
- favoriser le travail en duo jusqu'à ce qu'il soit prêt à faire confiance aux autres ;
- structurer l'interdépendance de telle manière que chaque membre d'une équipe doive s'exprimer ;
- l'encourager sans le mettre en évidence ;
- structurer l'encouragement par les pairs.

L'élève dominateur

Il est important d'établir une forte responsabilisation individuelle pour parer à la présence d'un élève dominateur dans une équipe. Les élèves qui ont l'impression de pouvoir accomplir tout le travail seuls n'ont pas encore assimilé la responsabilisation comme comportement ou comme valeur. Les enseignants devraient insister sur cette valeur lorsqu'ils organisent des activités. Il faut établir certains règlements dans les équipes restreintes, en particulier celui prévoyant une participation égale de tous les membres dans les interactions.

On peut encourager les élèves à utiliser un processus de réflexion par lequel ils examineraient la dynamique de leur équipe et évalueraient le rôle que chaque membre y joue. Les élèves qui tendent à occuper toute la place dans une classe devraient être orientés vers des situations où il y a des débats et où ils auront à utiliser des habiletés particulières, comme considérer différentes perspectives et faire des compromis. Ce type d'exercice peut se révéler profitable si on accorde aux élèves le temps nécessaire pour réfléchir à ce qui se passe au sein de leur équipe.

On peut reconnaître un élève dominateur aux caractéristiques suivantes :
- Il parle beaucoup.
- Il donne des ordres.
- Il prend la direction des activités.

- Il ne tient pas compte des sentiments de ses camarades.
- Il a l'esprit de compétition.
- Il manifeste des habiletés de leader.
- Il veut que les choses se fassent à sa manière.
- Il essaie de manipuler ses camarades.
- Il utilise les habiletés en matière d'organisation à son profit.

Stratégies à utiliser avec un élève dominateur

Pour favoriser une saine participation d'un élève dominateur, vous pouvez :
- reconnaître ses points forts ;
- lui donner des responsabilités et s'assurer qu'il les assume ;
- encourager la participation active de tous les membres de l'équipe ;
- utiliser l'humour pour réduire la tension ;
- récompenser ses efforts ;
- lui fournir des occasions de manifester un leadership positif ;
- organiser des tâches qui ne peuvent être accomplies sans la participation de tous les membres de l'équipe (interdépendance) ;
- structurer la réflexion critique fréquente, dès le début ;
- le nommer comme observateur.

Le leader négatif

En général, le leader négatif cherche depuis longtemps à exercer son influence au sein de la classe. Il existe habituellement une raison aux agissements d'un élève qui veut nuire à un projet ou à une interaction d'équipe. Il faut déterminer le but de son comportement et agir en conséquence. Ce type d'élève peut perturber son équipe de façon passive ou agressive. Vous devriez discuter avec les élèves des conséquences d'un tel comportement avant qu'il se produise.

Comme vous utilisez un processus démocratique de «gestion» de classe, vous inviterez vos élèves, dès le début de la session, à participer à l'élaboration de règles qui assurent le respect mutuel au sein des équipes et qui permettent d'éviter ce type de comportement. De cette façon, vous n'aurez plus à vous considérer comme la personne chargée de faire respecter l'ordre et les règlements dans la classe. Vous aurez formé une collectivité d'apprenants qui exigeront de tous l'adhésion aux règles relatives au respect d'autrui et au maintien d'un climat propice à l'apprentissage.

On peut reconnaître un leader négatif aux caractéristiques suivantes :
- Il émet des commentaires négatifs (verbalement).
- Il utilise un langage corporel négatif.
- Il ne participe pas aux activités de son équipe ; il affiche un comportement qui attire l'attention.
- Il empêche les autres élèves de se concentrer.
- Il fait obstacle à l'apprentissage.
- Il cherche à se gagner des appuis pour assurer sa position.
- Il détruit le dynamisme de l'équipe.

Stratégies à utiliser avec un leader négatif

Pour favoriser une saine participation d'un tel élève, vous pouvez :
- observer votre classe dès le début pour dépister la présence de leaders négatifs ;
- présenter les valeurs de la coopération comme la norme du comportement ;
- encourager la discussion en équipe sur ce qui constitue une interaction appropriée au sein d'une équipe ;
- préciser ce qui est acceptable et inacceptable ;
- essayer de trouver une tâche qui mettra en valeur ses intérêts ou ses talents au sein de l'équipe ;
- le laisser travailler seul ;
- discuter avec lui de ce qu'il a à offrir et à gagner en participant au travail d'équipe.

Souvent, ce type d'élève se comporte de façon négative depuis longtemps. Heureusement, au collégial, la présence au cours est une question de choix et non une obligation. Quand il est conscient, un tel comportement n'a pas sa place dans une classe, et vous devez indiquer clairement à l'élève qu'il doit choisir : préfère-t-il rester et participer ou encore quitter la classe ?

Selon Albert Adler, psychologue réputé, il existe quatre mobiles poussant un individu à adopter un comportement négatif : la recherche d'attention, le pouvoir, la vengeance et la manifestation d'impuissance.

Les comportements affichés par les types d'élèves décrits dans ce chapitre découlent de ces quatre mobiles. En comprenant les objectifs de ces comportements néfastes, vous serez à même de montrer plus d'empathie, ce qui signifie parfois de ne pas intervenir[2].

FIGURE 7.1   Concepts principaux du chapitre 7

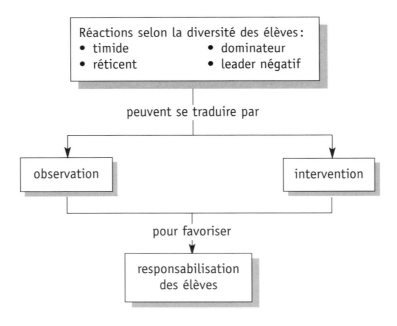

2. Pour en savoir plus sur ce sujet, veuillez consulter le manuel de H. TRUDEAU et autres, 1997, *Et si un geste simple donnait des résultats*, Montréal, Chenelière / McGraw-Hill.

La planification
en pédagogie
coopérative

▶ Comment dois-je planifier une activité
coopérative ?

▶ Comment m'assurer qu'il y a vraiment
coopération durant cette activité ?

▶ Y a-t-il une progression logique dans la
mise en œuvre de cette pédagogie ?

Même si vous aurez probablement déjà organisé différentes petites activités coopératives bien avant d'arriver aux derniers chapitres de cet ouvrage, nous souhaiterions vous présenter une méthode éprouvée de planification de cours. Le tableau 8.1 montre comment intégrer les composantes de l'apprentissage coopératif dans un plan de cours. Beaucoup d'enseignants utilisent cette grille pour planifier des activités, en particulier la première année où ils expérimentent la coopération. Avec le temps, l'utilisation de ce type de planification devient une habitude et vous saurez presque instinctivement comment intégrer tous les facteurs requis dans votre cours.

Le tableau 8.1 propose une description détaillée des renseignements dont vous devez tenir compte dans la planification d'un cours où est mise en œuvre la coopération (voir aussi l'annexe 12, page 155). Deux exemples suivent la présentation de ce tableau[1].

Les exemples présentés ci-dessous sont très détaillés. Selon votre expérience et vos préférences, vous avez probablement des besoins différents en matière de planification de cours ; en effet, certains enseignants déterminent un grand nombre de détails tandis que d'autres utilisent une démarche plus globale. Voici quelques conseils éprouvés :

- Axez votre activité sur toutes les composantes de façon à assurer la réussite de vos élèves et la vôtre par la même occasion. N'oubliez pas la réflexion critique.
- Servez-vous de votre planification comme d'un tremplin pour toutes sortes d'applications créatives. Vous vous rendrez compte qu'au contraire d'un cours magistral, les activités coopératives génèrent leur dynamique propre qui n'est pas toujours prévisible. Ne vous affolez pas ! Le plan de cours est un outil de travail plutôt qu'un document ayant force de loi !
- Ayez confiance ! Vos élèves apprendront mieux grâce à la coopération.

FIGURE 8.1 La planification de cours : quel type d'enseignant êtes-vous ?

7 h

21 h

---

1. Nous tenons à remercier Lise Audet, Chantal Poitras, Aline Hachey et Louise Forget pour leur contribution au développement des exemples de ce chapitre.

GRILLE DE PLANIFICATION D'UN COURS COOPÉRATIF

Thème	Quel est le sujet ?
Objectif de l'équipe	Que doit accomplir l'équipe ?
Durée approximative de l'activité	Combien de temps dois-je prévoir pour cette activité ? (L'activité comprend la formation des équipes, la communication des consignes, l'exécution de la tâche, la réflexion critique et l'évaluation.)
Connaissances préalables	Quelles habiletés coopératives et connaissances sont nécessaires à l'exécution de la tâche ?
Ressources / matériel	De quelles ressources et de quel matériel ai-je besoin pour cette activité ?
Esprit de classe et esprit d'équipe	Comment vais-je établir un climat où les valeurs de la coopération sont mises en application ? Quelle activité préparatoire vais-je proposer pour développer l'esprit d'équipe ?
Regroupement	Combien d'élèves doit-il y avoir par équipe ? Sur quelles caractéristiques des élèves vais-je me baser pour former les équipes ? Vais-je former des équipes homogènes ou des équipes hétérogènes ? Quelle technique vais-je utiliser pour grouper les élèves ?
Interdépendance	Comment vais-je structurer l'activité pour que tous les élèves y prennent une part active ? Quelles seront les consignes ? Vais-je utiliser les récompenses collectives pour motiver les élèves à travailler ensemble ? Vais-je diviser la tâche ou distribuer des rôles ? Vais-je demander aux élèves de partager le matériel ? Comment vais-je encourager les élèves à reconnaître les avantages de la coopération ?
Habiletés coopératives	Dois-je enseigner une nouvelle habileté et faire un rappel d'une ou de deux habiletés déjà acquises ? Quels moyens vais-je utiliser pour aider les élèves à mieux maîtriser ces habiletés ?
Réflexion critique	Comment vais-je amener les élèves à réfléchir à l'amélioration de leur rendement scolaire et au développement de leurs habiletés sociales ?
Rôle à titre d'enseignant	Dois-je utiliser une grille d'observation ? Après avoir évalué la complexité de la tâche, comment vais-je intervenir ? Comment vais-je surveiller les équipes et les aider à atteindre les objectifs d'apprentissage ?
Déroulement de l'activité (utiliser une feuille supplémentaire au besoin)	Quelles seront les étapes de l'activité ?

Source : *Inspiré de P. C. ABRAMI, et autres, 1996,* L'apprentissage coopératif: théories, méthodes, activités, *Montréal, Les Éditions de la Chenelière, p. 122.*

EXEMPLE 1 : ACTIVITÉ EN MARKETING

Thème	rôle d'un gestionnaire dans une petite entreprise
Objectif de l'équipe	partager les connaissances acquises lors des stages, faire la synthèse des connaissances nouvelles
Durée approximative de l'activité	15 minutes de développement de l'esprit d'équipe, 50 minutes d'activité d'apprentissage
Connaissances préalables	avoir complété un stage en milieu de travail ; avoir mis en commun les observations sur le rôle de gestionnaire
Ressources / matériel	cinq textes différents ; matériel pour la création d'une affiche ou d'une autre présentation visuelle
Esprit de classe et esprit d'équipe	table ronde sur l'appréciation individuelle des divers rôles à l'intérieur de l'équipe
Regroupement	équipes de base existantes et équipe d'experts formées d'après les rôles d'un gestionnaire choisis par les élèves
Interdépendance	• liée aux ressources : textes, crayons • liée aux tâches : compréhension d'un des rôles d'un gestionnaire • liée aux objectifs : créer une présentation d'équipe, faire une synthèse • liée aux forces extérieures : contrainte de temps
Habiletés coopératives	• déjà acquises : participer à son tour, écouter activement • nouvelle : vérifier la compréhension de tous les membres • enseignement : discussion et remue-méninges en équipe sur la façon de communiquer la nouvelle habileté
Réflexion critique	• étape 2, en équipe d'experts : table ronde sur mon efficacité • étape 3, en équipe de base : feuille de réflexion sur mon équipe
Rôle à titre d'enseignant	• aider les élèves dans leurs tâches • recueillir des observations de façon informelle • fournir une rétroaction au groupe-classe au sujet des habiletés coopératives
Déroulement de l'activité	ACTIVITÉ 1 But : se faire connaître en exprimant ses goûts et ses intérêts personnels, développer le respect des différences. Se référer aux expériences vécues dans les stages. 1. Écrire les rôles d'un gestionnaire au tableau. 2. Chacun prend position sur deux rôles en particulier (un qui lui plaît et un qu'il aime moins) et justifie ses choix. 3. Partage en table ronde.

Tableau 8.2 (suite)

Déroulement de l'activité (suite)	ACTIVITÉ 2
	1. Diviser la classe en cinq équipes de cinq élèves ou utiliser des équipes de base déjà existantes. Assigner une partie de la matière à l'étude à chaque élève en lui attribuant un numéro correspondant à un des rôles du gestionnaire dans le texte (numérotation de 1 à 5). Consignes : lire la section du texte qui porte sur le rôle assigné ; faire ressortir les aspects importants de ce rôle du gestionnaire ; réaliser une présentation synthèse écrite et visuelle. **2.** Former les équipes d'experts en regroupant les personnes qui ont étudié le même rôle du gestionnaire, et ce, dans le but de mettre en commun les informations. Consignes : échange de points de vue pour faciliter la compréhension mutuelle ; validation des éléments importants à retenir. **3.** Retourner aux équipes de base où les élèves transmettent leurs connaissances aux membres de leur équipe. Ensemble, ils étudient et maîtrisent ces connaissances afin d'établir une base de référence qui servira tout au long de la session. **4.** Présenter au groupe-classe le rôle analysé, à l'aide de matériel varié.

TABLEAU 8.3

EXEMPLE 2 : PLAN DE COURS EN TECHNIQUES JURIDIQUES

Thème	projet de loi sur la peine de mort
Objectif de l'équipe	étudier le projet de loi et organiser un débat
Durée approximative de l'activité	deux périodes de 50 minutes
Connaissances préalables	habiletés coopératives, connaissance du projet de loi
Ressources / matériel	textes du projet de loi, bulletins de vote
Esprit de classe et esprit d'équipe	Les élèves se serrent la main et disent ce qui les intéresse dans le sujet à l'étude.
Regroupement	équipes associées, formées de trois équipes de base
Interdépendance	• liée aux objectifs : étudier le projet de loi et voter • liée aux forces extérieures : contrainte de temps • liée aux ressources : une feuille de présentation du projet et des bulletins de vote
Habiletés coopératives	• déjà acquises : écoute active, acceptation des idées des autres • nouvelle : critiquer les idées et non les personnes

(voir la suite page suivante)

Tableau 8.3 (suite)

Réflexion critique	feuille individuelle comportant des questions sur les trois habiletés en coopération, puis table ronde en équipes de base
Rôle à titre d'enseignant	• observer et agir comme animateur • fournir une rétroaction aux équipes • évaluer les apprentissages à l'aide d'une grille d'observation
Déroulement de l'activité	1. Durant la semaine qui précède le débat, les élèves se préparent individuellement en révisant les arguments favorables et défavorables à la peine de mort vus en classe et prennent personnellement position. 2. Communication du but : À l'occasion d'un débat sur la peine de mort, les élèves agiront comme députés au Parlement canadien. Chaque équipe associée qui sera formée devra donc étudier un projet de rétablissement de la peine capitale au Canada et procéder à un vote à la fin de la discussion. 3. Enseignement des habiletés coopératives : Avant le débat, rappeler l'importance de l'acceptation des idées des autres et demander aux élèves de relever les gestes et les paroles qui serviront de critères d'évaluation de cette habileté. 4. Formation des équipes associées et activité de développement de l'esprit d'équipe. 5. Débat au sein des équipes associées. 6. Vote du groupe-classe. 7. Réflexion critique individuelle et partage en équipes de base.

Le calendrier de mise en œuvre – un aperçu global

Par où faut-il commencer ?

La quantité de renseignements contenus dans cet ouvrage peut vous paraître impressionnante. Par où faut-il commencer ? Cette question, les enseignants la posent souvent lorsqu'ils suivent des cours de formation pour se familiariser avec une nouvelle méthode. Voici donc une suggestion de calendrier d'implantation de la pédagogie coopérative qui renferme quelques directives générales et obéit à une logique déterminée – préparation, mise en application progressive et utilisation. La figure 8.2 résume la procédure. Nous croyons fermement à l'utilité d'un calendrier quand il s'agit de planifier l'introduction progressive de la coopération dans les cours[2].

....

2. Pour une description plus détaillée de cette façon de procéder, veuillez consulter notre ouvrage intitulé *Structurer le succès*, 1999, publié aux éditions Chenelière / McGraw-Hill.

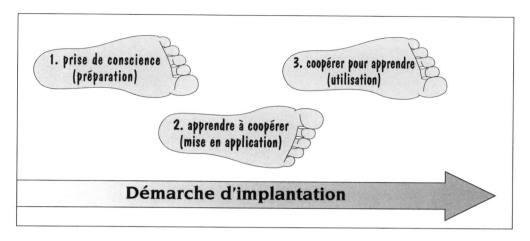

FIGURE 8.2 La démarche d'implantation de la pédagogie coopérative en classe : trois pas dans la bonne direction !

1. prise de conscience (préparation)

3. coopérer pour apprendre (utilisation)

2. apprendre à coopérer (mise en application)

Démarche d'implantation

Dès la première rencontre de la session, pour établir un bon climat, j'ai fait placer les élèves selon la distance qui sépare leur résidence du collège, dans un ordre croissant. Cette activité a permis aux élèves de se connaître et a servi à détendre l'atmosphère parfois un peu tendue de la première rencontre. Cette activité m'a aussi permis d'apprendre certains prénoms et d'établir un premier contact avec plusieurs élèves. Bref, au bout d'une semaine, je connaissais le prénom de tous mes élèves. Par la suite, à chaque rencontre, j'ai préparé une activité à réaliser en équipes restreintes.

Phase initiale : la prise de conscience

Pour assurer la réussite de vos élèves, vous pouvez concentrer vos efforts sur les techniques préliminaires suivantes pendant les cinq premières semaines de la session : organiser une activité d'accueil pour créer un climat affectif propice à l'apprentissage, pour favoriser le développement de la confiance mutuelle et pour établir un ton de communication positif. Parmi les structures qui se prêtent bien à ces objectifs, mentionnons « Trouve quelqu'un qui… », « En file » et « 1-2-3 » (voir pages 100, 92 et 87), qui portent sur les objectifs des élèves et sur leurs appréhensions concernant le cours.

Première semaine

• Présenter la pédagogie coopérative en précisant que ses principes s'appliquent aussi en milieu de travail (voir chapitre 4, page 72). Présenter les valeurs qui doivent être respectées dans une classe coopérative quelles que soient les situations d'apprentissage employées. Inviter les élèves à interpréter ces valeurs en fonction de leurs expériences passées. Par exemple, leur poser des questions comme «Avez-vous déjà été exclu d'une équipe?» «Qu'avez-vous ressenti?», «Quelles stratégies souhaiteriez-vous que votre enseignant et vos pairs utilisent pour que vous vous sentiez accepté?» «Comment faites-vous pour établir un climat de confiance dans une situation d'apprentissage?»

- Définir clairement les critères d'évaluation des individus et des équipes pour réduire l'anxiété que peut susciter chez les élèves l'idée de travailler en coopération.

De la deuxième à la quatrième ou cinquième semaine

*Oui,
on doit commencer
à enseigner
les habiletés
coopératives
avant l'étape
d'utilisation de
la coopération!*

- Utiliser des équipes informelles pour activer les connaissances antérieures; pour que les élèves pressentent l'apprentissage à venir, employer le principe 10-2 (voir page 86) dans les présentations. Prolonger la durée des interactions coopératives de 10 à 30 minutes avant la cinquième semaine.

- Observer les interactions. Noter la dynamique qui prévaut à l'intérieur des équipes informelles et le statut des membres des équipes pour préparer la formation d'équipes de base hétérogènes.

- Enseigner les habiletés coopératives de base et susciter la réflexion en ce qui a trait à leur utilisation.

- Employer l'horloge coopérative (voir page 102) pour former rapidement des équipes informelles fondées sur l'ouverture aux autres.

*2. apprendre à coopérer
(mise en application)*

Phase intermédiaire: l'apprentissage de la coopération

De la cinquième ou sixième semaine à la neuvième semaine

- Procéder avec soin à la formation des équipes de base hétérogènes.
- Structurer des activités de développement de l'esprit d'équipe pour faire naître des sentiments d'appartenance et de confiance mutuelle dans les nouvelles équipes.
- Utiliser les équipes de base pour le partage des renseignements, la pratique guidée et la maîtrise à la deuxième dimension de l'apprentissage (voir page 54). Prolonger la durée des activités coopératives de 30 à 60 minutes au maximum. S'il faut des activités plus longues, s'assurer de leur productivité par un recours périodique à la réflexion critique (voir page 28).
- Continuer d'enseigner les habiletés coopératives de base et de niveau moyen (voir page 24). Structurer la réflexion critique.
- Procéder à des observations informelles et s'exercer à fournir une rétroaction positive et précise (voir page 33).
- Continuer à utiliser les équipes informelles de temps à autre et commencer à utiliser les équipes associées lorsque la situation s'y prête.
- Parler à un collègue de vos réussites et de vos problèmes dans l'application des principes de la pédagogie coopérative.

Phase finale : la coopération pour apprendre

De la dixième à la quinzième semaine

- Organiser des études de cas, des casse-tête d'expertise, des controverses créatives ou encore des enquêtes en équipes (voir pages 106 à 112).
- Demander à des élèves d'agir comme observateurs pour qu'ils effectuent des observations formelles et fournissent une rétroaction sur le développement des habiletés en coopération et sur l'efficacité du travail coopératif, à condition qu'une telle mesure soit applicable.
- Former des équipes représentatives (voir page 23) pour les présentations en classe des études de cas ou des enquêtes.
- Célébrer les réussites en matière de coopération et, au moment de dissoudre les équipes de base, recourir à des procédés tels que le passeport ou la carte de remerciements (voir page 103).

Un calendrier de mise en œuvre personnalisé

Ce calendrier de mise en œuvre n'est en réalité qu'un ensemble de lignes directrices. Selon la matière que vous enseignez, votre degré de familiarité avec cette nouvelle méthode pédagogique et bien d'autres facteurs, dont votre personnalité, vous trouverez votre propre voie vers la coopération. Toutefois, une chose reste toujours vraie : il faut apprendre à coopérer avant de pouvoir coopérer pour apprendre.

Il faut apprendre à coopérer avant de pouvoir coopérer pour apprendre.

Dès la première année où vous ferez l'expérience de cette méthode, vous devriez être en mesure d'appliquer les façons de procéder suggérées pour les phases 1 et 2. Vous trouverez un outil de planification à l'annexe 13, page 156.

Vous trouverez ci-dessous trois exemples d'activités planifiées en fonction de ce calendrier pour différents types de cours. Toutes ces activités ont été mises à l'essai dans des classes et ont contribué à la réussite des élèves et de leurs enseignants.

Exemple 1

Français

1ʳᵉ semaine – sensibilisation à la coopération

1. Développer l'esprit d'équipe par une expérience de coopération profitable et agréable pour toute la classe : « En mettant nos idées en commun, nous allons plus loin. »

   - Dès le début du cours, afficher une feuille au tableau : « Nous sommes tous importants. Nous sommes tous des apprenants. » Expliquer qu'aider les autres constitue une excellente façon d'apprendre et que les échanges d'idées sont toujours profitables.

   - Regrouper les élèves en équipes aléatoires, dans le but de favoriser les échanges entre des élèves qui ne se connaissent pas.

   - Afficher deux cartons dans la classe. Sur l'un, inscrire le mot « Émetteur » ; sur l'autre, le mot « Récepteur ». Expliquer rapidement qu'il s'agit de deux composantes de la communication. Les élèves s'interrogent sur leurs propres habiletés et choisissent l'habileté avec laquelle ils se sentent le plus à l'aise. Ensuite, ils se placent sous l'affiche correspondant à leur choix.

- En duos, les élèves expliquent ensuite pourquoi ils ont choisi cette habileté (deux minutes).

- Chaque duo joint un duo de l'autre camp pour constituer une équipe de quatre personnes. Les élèves présentent leur camarade et résument ses propos sans les commenter afin de démontrer qu'ils l'ont bien écouté.

2. Développer l'esprit d'équipe par une activité sur les synonymes du mot « fun ».

- En équipes de quatre, les élèves dressent une liste d'au moins dix synonymes de l'expression « c'est le fun ».

- En équipes associées de huit, les équipes mettent leurs mots en commun et établissent une seule liste de synonymes qu'elles notent sur une affiche. À tour de rôle, les élèves nomment un mot en se passant la liste. Une personne écrit à mesure les mots, les autres surveillent afin qu'il n'y ait pas de répétition. On prend soin de numéroter chaque mot.

- Les élèves retournent à leur équipe de quatre. Choisir la liste la plus longue et demander aux élèves d'ajouter les mots de leur liste qui ne sont pas déjà inscrits sur la liste choisie. On continue de numéroter les synonymes.

- Évaluation : demander aux équipes de quatre personnes, à tour de rôle, le nombre de mots qu'elles avaient trouvés au début (en moyenne de 10 à 15 mots). Les élèves constatent que la mise en commun des différentes listes fait grimper le nombre de synonymes. Bref, grâce à la mise en commun des mots de toute la classe, la liste compte facilement de 35 à 40 synonymes différents.

3. Réflexion critique : demander aux élèves quel est leur degré de satisfaction quant à la présence durant l'activité de deux habiletés importantes en coopération : l'écoute active et l'entraide.

4. Conclusion : terminer le cours sur ces mots : « Vous venez de vivre une belle expérience de coopération. »

Exemple 2

Techniques policières

1re semaine

- Expliquer les raisons qui sous-tendent le choix de la pédagogie coopérative. Définir l'objectif de cette méthode : la création d'un climat de collaboration et de coopération qui favorise l'apprentissage. Indiquer la condition de base pour atteindre cet objectif : développer l'interdépendance entre les apprenants.

Les élèves doivent se rendre compte que la contribution de chaque membre dans une équipe est importante et qu'ils doivent acquérir certaines habiletés à travailler en équipe pour retirer tous les avantages possibles du travail coopératif.

- Tâche d'équipe : explorer le travail des policiers tout en tentant de favoriser le partage d'informations et d'idées (habileté coopérative à acquérir).

2e semaine

- Observation des équipes informelles par l'enseignant.

3e semaine

- Exercice individuel : trouver dans le travail du policier des exemples de tâches qui requièrent des qualités d'observateur.

- Formation d'équipes informelles de deux personnes (au hasard).

- Vérification et évaluation (20 minutes) des exemples trouvés ; modifications au besoin ; consensus sur l'exemple à retenir.

- Vérification des exemples retenus en groupe-classe : chaque équipe doit donner un exemple de tâche.

- Évaluation et comparaison des résultats obtenus (les résultats de chacune des équipes par rapport aux résultats du groupe-classe). Mettre l'accent sur les valeurs de la coopération relatives au travail du policier et sur l'entraide comme habileté coopérative.

4e et 5e semaines

- Exercice individuel : trouver des exemples de facteurs qui influencent les perceptions du policier patrouilleur (10 minutes).

- Formation d'équipes de base de quatre personnes. Activités pour développer l'esprit d'équipe. Enseignement de l'habileté coopérative « chercher le consensus ». Vérification des exemples retenus en groupe-classe : chaque équipe doit donner un exemple de facteur.

- Évaluation des résultats obtenus.

- Cueillette informelle des commentaires des élèves sur l'apprentissage en coopération.

6e semaine

- Évaluation de l'intervention.

Exemple 3

Histoire du Moyen Âge

2e semaine

- Formation d'équipes de deux ou trois élèves constituées de façon informelle, selon la proximité des tables de travail. Les équipes seront dissoutes une fois la tâche accomplie. Durée : de 20 à 30 minutes.

Tâche : discuter de quatre problèmes posés et préparer une fiche de lecture.

Cet exercice est purement formatif. Cependant, il servira à préparer les élèves à une des questions de l'examen de mi-session.

3e semaine

- Les élèves se présentent en classe avec les fiches de lecture qu'ils ont rédigées la semaine précédente. Les fiches portent sur quatre thèmes différents : la chevalerie, le servage, les corporations et la peste noire.

L'utilité des fiches de lecture est de permettre la cueillette et le classement d'informations issues de sources diverses. Afin de vérifier la qualité de leurs fiches, les membres des équipes mettent en commun leurs ressources et tentent de répondre à une question qui porte sur l'un des thèmes. Ils examinent les informations qu'ils ont recueillies, ils les confrontent, ils justifient leurs choix et ils en viennent à un consensus. La question à l'étude : « Décrivez le rôle économique et social des corporations médiévales. »

Cet exercice permet le développement de l'habileté coopérative : l'entraide dans l'apprentissage.

- Tenue d'une plénière où des équipes, au hasard, livrent les résultats de leur travail et justifient leurs réponses.

- Réflexion critique sur l'exercice (utilisation du procédé « deux qui brillent, un à polir », page 29).

7e semaine

- Évaluation : lors de l'examen de mi-session, les élèves doivent, à l'aide de leurs fiches, répondre à une question portant sur l'un des trois autres thèmes abordés.

Nous espérons que ces exemples vous seront utiles afin d'intégrer la coopération dans votre démarche d'enseignement. Si vos élèves n'en sont pas à leur première expérience de coopération, vous pourrez planifier des structures plus complexes afin de leur permettre d'atteindre un niveau d'apprentissage plus avancé.

FIGURE 8.3   **Concepts principaux du chapitre 8**

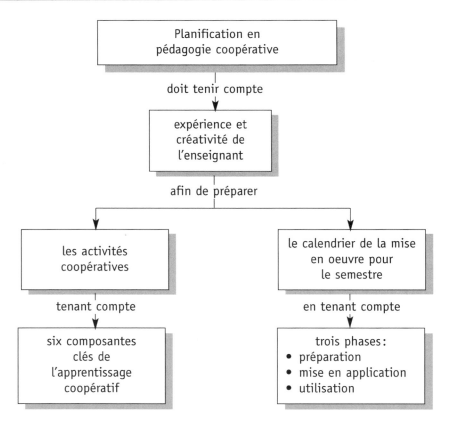

Conclusion

Au chapitre 1, nous avons décrit les valeurs inhérentes à la coopération en classe. Les techniques et les stratégies d'enseignement présentées dans les chapitres subséquents ne devraient pas faire oublier les principes fondamentaux du comportement social : les élèves ont besoin de ces valeurs pour devenir des citoyens à part entière, et l'avenir de notre société dépend d'eux.

Il faut mettre en œuvre la coopération dans les classes si nous voulons transformer les individus et élargir leurs possibilités de faire des apprentissages.

Une enseignante qui a eu recours au stage pratique dans ses cours nous a rapporté un phénomène étonnant. Elle a constaté que les élèves manifestaient beaucoup de répugnance à se servir du journal hebdomadaire d'apprentissage qu'elle avait préparé pour eux et qu'ils le remplissaient de façon mécanique, en n'y notant que des réflexions superficielles. Par contre, dans les discussions en groupes concernant le stage, non seulement faisaient-ils preuve de sens critique et d'une grande perspicacité, mais ils se posaient beaucoup de questions. Après avoir intégré la coopération dans son cours, l'enseignante a décidé d'inclure une troisième colonne à son journal, intitulée « Auto-évaluation après la discussion en équipes ». Elle s'était rendu compte de l'influence de la coopération sur le développement de l'individu.

Si vous avez lu cet ouvrage sans encadrement, essayez maintenant de discuter de certaines des idées qu'il contient avec un collègue. Lorsqu'on cherche à élargir ses compétences, on y parvient généralement mieux en partageant son expérience avec d'autres : n'est-ce pas là une des prémisses de la pédagogie coopérative ?

Le réseau de concepts à la page suivante peut vous aider à faire le point sur les notions abordées dans le présent manuel.

Nous vous invitons à intégrer la coopération dans vos compétences, tant sur le plan pédagogique que sur le plan humain.

FIGURE 1 Rappel des principaux concepts de l'ouvrage

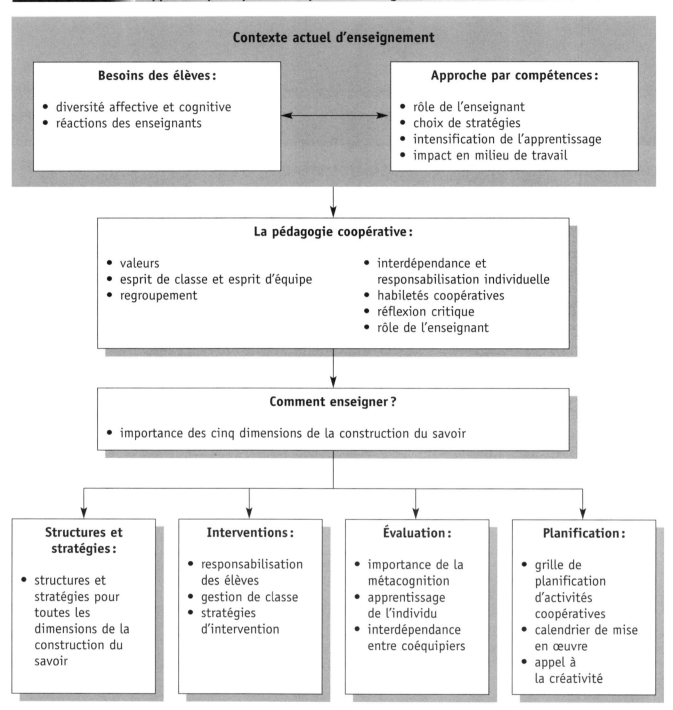

Contexte actuel d'enseignement

Besoins des élèves:
- diversité affective et cognitive
- réactions des enseignants

Approche par compétences:
- rôle de l'enseignant
- choix de stratégies
- intensification de l'apprentissage
- impact en milieu de travail

La pédagogie coopérative:
- valeurs
- esprit de classe et esprit d'équipe
- regroupement
- interdépendance et responsabilisation individuelle
- habiletés coopératives
- réflexion critique
- rôle de l'enseignant

Comment enseigner?
- importance des cinq dimensions de la construction du savoir

Structures et stratégies:
- structures et stratégies pour toutes les dimensions de la construction du savoir

Interventions:
- responsabilisation des élèves
- gestion de classe
- stratégies d'intervention

Évaluation:
- importance de la métacognition
- apprentissage de l'individu
- interdépendance entre coéquipiers

Planification:
- grille de planification d'activités coopératives
- calendrier de mise en œuvre
- appel à la créativité

Fiches de valeurs coopératives

Ouverture aux autres

- Nous sommes capables de travailler avec tout le monde.
- Nous acceptons et valorisons les différences.
- Nous célébrons la diversité.
- Nous sommes ouverts aux idées qui sont différentes des nôtres.
- Nous acceptons l'influence que les autres peuvent exercer sur nous.

Confiance

- Nous nous faisons mutuellement confiance.
- Nous croyons que les membres de notre équipe nous aideront à atteindre notre but commun.

Plaisir

- Nous avons du plaisir à travailler et à apprendre ensemble.
- Nous avons le droit d'avoir du plaisir en classe.

Droit à l'erreur

- Nous ne sommes pas parfaits et c'est bien ainsi.
- Nous acceptons les erreurs de nos coéquipiers.
- Nous apprenons de nos erreurs.

Fiches de valeurs coopératives (suite)

Entraide

- Nous nous entraidons.
- Nous persévérons.
- Nous nous assurons que chacun comprend.

Engagement

- Nous participons activement et jouons fidèlement nos rôles.
- Nous faisons sans cesse des efforts.
- Nous réglons nos conflits ensemble.

Égalité

- Nous travaillons de façon à utiliser notre plein potentiel.
- Nous sommes différents mais égaux.
- Nous nous comprenons les uns les autres et nous sommes tolérants.

Solidarité

- Nous avons des buts communs.
- Nous formons une équipe.
- Nous unissons nos forces.

Exemples de rôles au sein d'une équipe

Responsable du matériel

- porter attention aux consignes données
- distribuer le matériel aux membres de l'équipe
- manipuler soigneusement le matériel
- classer et ranger le matériel

Responsable du consensus

- se concentrer
- reformuler et faire la synthèse
- encourager les autres
- poser des questions en vue d'obtenir un consensus

Porte-parole

- questionner pour comprendre
- avoir un souci de synthèse et de clarté
- rapporter fidèlement les propos
- communiquer clairement

Secrétaire

- poser des questions
- prendre des notes soignées
- être soucieux de clarté et de précision
- photocopier les documents

Animateur

- écouter activement
- être attentif à tous les membres
- attribuer équitablement le droit de parole
- encourager tous les coéquipiers
- reformuler
- respecter le temps alloué

Vérificateur

- être soucieux de la précision
- s'assurer du consensus
- respecter les idées de tout le monde
- questionner

Contrat d'apprentissage

Date : _____

Noms des membres de l'équipe : _____

Nous avons convenu de mettre en pratique l'habileté coopérative suivante :

_____

Signatures :   _____   _____

                    _____   _____

RÉVISION DU CONTRAT

Date : _____

❏ Oui, nous avons atteint notre objectif grâce aux comportements suivants :

    _____

    _____

❏ Non, nous n'avons pas atteint notre objectif. Voici des exemples de comporte-
    ments susceptibles d'améliorer notre résultat : _____

    _____

    _____

Lors de la prochaine activité d'équipe, nous convenons de travailler à :

_____ .

Signatures :   _____   _____

                    _____   _____

Habiletés interpersonnelles et cognitives

1er niveau

- S'en tenir à la tâche
- Suivre les consignes
- Écouter activement
- S'encourager
- Participer activement
- Remercier
- Demander de l'aide
- Offrir de l'aide

3e niveau

- Vérifier l'existence d'un consensus
- Jouer le rôle de médiateur
- Résumer ce qui vient d'être lu ou discuté
- Corriger les propos d'un autre élève, au besoin
- Suggérer des moyens de travailler le plus efficacement possible
- Élaborer quelque chose à partir des idées des autres
- Partager les stratégies utilisées pour parvenir à une réponse

2e niveau

- Rappeler le but du travail
- Exprimer son appréciation
- Partager les informations et les idées
- Exprimer son désaccord de façon respectueuse
- Encourager les autres
- Vérifier la compréhension des autres
- Parler à tour de rôle
- Offrir des explications
- Se montrer enthousiaste

4e niveau

- Faire des liens entre la matière et d'autres notions
- Donner des stratégies de mémorisation
- Critiquer les idées et non leurs auteurs
- Demander à un membre de justifier sa réponse ou sa conclusion
- Intégrer un certain nombre d'idées différentes dans un seul et même point de vue

Réflexion critique individuelle

Lisez les questions suivantes et prenez quelques instants pour réfléchir à vos comportements. Sans consulter vos coéquipiers, répondez aux questions suivantes. Partagez ensuite vos réflexions avec les autres membres de l'équipe.

1. Je m'en suis tenu à la tâche.

❏ rarement ❏ parfois ❏ souvent

2. J'ai écouté attentivement mes coéquipiers.

❏ rarement ❏ parfois ❏ souvent

3. J'ai manifesté l'habileté _____ pendant notre travail en coopération des façons suivantes :

• langage verbal :

_____

_____

• langage non verbal :

_____

_____

4. Les autres m'ont aidé à consolider mes apprentissages de la façon suivante :

_____

_____

Réflexion critique individuelle sur le fonctionnement de l'équipe

Date : _____ Votre nom : _____

Noms de vos coéquipiers : _____ _____

_____ _____

Individuellement, encerclez le chiffre correspondant, selon vous, à la performance de votre équipe au cours de la séance de travail qui vient de prendre fin. Partagez ensuite vos réflexions avec vos coéquipiers.

	Pas du tout			Tout à fait	
1. Tous les membres de l'équipe ont écouté les arguments des autres.	1	2	3	4	5
2. Tous les membres de l'équipe ont critiqué les idées et non les personnes.	1	2	3	4	5
3. Tous les membres de l'équipe ont communiqué clairement leurs idées.	1	2	3	4	5
4. Tous les membres de l'équipe ont mis en application l'habileté coopérative _____.	1	2	3	4	5

5. De façon générale, voici ce que j'aimerais dire à mes coéquipiers relativement à notre coopération :

_____

_____

_____

_____

Réflexion critique collective

Date : _____

Noms des membres de l'équipe :   _____   _____

_____   _____

Remplissez ce formulaire collectivement. Demandez à un des membres de votre équipe d'animer la discussion.

1. Répondez à chacun des énoncés suivants en cochant la case appropriée.

	Oui	Non
a) Tous les membres de notre équipe ont émis des idées.	❑	❑
b) Tous les membres de notre équipe ont encouragé les autres à émettre leur point de vue.	❑	❑
c) Tous les membres de notre équipe ont posé des questions.	❑	❑

2. Inscrivez les problèmes qui se sont posés et leurs solutions possibles.

Problèmes	Solutions

Signatures :   _____   _____

_____   _____

Réflexion critique collective

1. En équipe, choisissez deux questions et encerclez-les. Avec vos coéquipiers, répondez aux questions choisies.

   a) Que pourrait-on faire pour développer l'esprit d'équipe?

   b) Que faire lorsque des coéquipiers refusent de travailler?

   c) Comment expliquer à vos coéquipiers l'importance de faire des efforts, de persévérer, de s'encourager pendant la réalisation d'une activité?

   d) Quelles attitudes positives facilitent la réalisation du travail d'équipe?

   e) Que faire quand un coéquipier dérange ou perturbe le travail d'équipe?

   f) Que faire pour aider un coéquipier gêné ou timide qui ne parle pas souvent pendant le travail en coopération?

   g) Que peut-on faire pour rendre le travail en équipe plus efficace?

   h) Que peut-on faire pour que chaque coéquipier se sente accepté, écouté et encouragé par son équipe?

2. Résumez brièvement vos conclusions.

   _____

   _____

   _____

   _____

   _____

Grille d'observation

(pour l'enseignant ou pour l'élève)

Date : _____

Numéro de l'équipe : _____

Habileté observée : _____

_____

Noms des membres de l'équipe	Observations (manifestations verbales et non verbales)

Grille d'autoévaluation et d'évaluation par les pairs

Sujet de l'équipe : _____

Votre nom : _____

Noms de vos coéquipiers : A _____
B _____
C _____

Attribuez à vos partenaires et à vous-mêmes la cote que vous jugez appropriée pour chacune des catégories ci-dessous.

CONTRIBUTION

- Exceptionnelle : 5

- Supérieure à la moyenne : 4

- Moyenne : 3

- Inférieure à la moyenne : 2

- Aucune : 1

critère	Membres de l'équipe			
	A	B	C	Moi
1. Présence aux réunions prévues				
2. Préparation de la section sous sa responsabilité				
3. Communication claire du contenu				
4. Encouragement aux autres à présenter leurs idées				
5. Rétroaction positive et utile				
Total				

Grille d'évaluation des exposés en équipe

Critères à observer	Commentaires	Cote A = satisfaisant B = à améliorer
1. Améliorer la cohésion de la présentation de l'équipe a) Prévoir des liens et des transitions de contenu entre les présentateurs. b) Donner une vue d'ensemble de l'exposé pour familiariser l'auditoire avec le sujet. c) Réorganiser le matériel à présenter. d) Clore l'exposé par un résumé qui en relie les différentes parties. e) Utiliser un sommaire ou un aperçu qui permet d'intégrer toutes les parties de l'exposé. f) Choisir du matériel approprié et en quantité suffisante. g) Réorganiser les idées et fournir des exemples ou des illustrations. Établir des liens entre le sommaire ou l'aperçu présenté sur des supports visuels et l'exposé proprement dit. h) Présenter ses idées en utilisant des notes, mais seulement en guise de repères. i) Développer progressivement un exemple pour relier les différentes parties de l'exposé.		
2. Maximiser l'efficacité de la présentation a) Établir des liens entre les éléments du sommaire ou de l'aperçu présenté sur le rétroprojecteur et l'exposé proprement dit. b) Regarder l'ensemble de la classe et non l'enseignant. c) Projeter sa voix jusqu'à la dernière rangée de la classe. d) Respecter le temps alloué. e) Répartir le temps alloué aux présentations de façon équitable.		
3. Autres facteurs importants a) Rendre l'exposé plus personnel en ayant recours à des exemples qui concernent le présentateur ou l'auditoire. b) Distribuer du matériel à lire ou un résumé au début ou à la fin de l'exposé. c) Utiliser la technique des questions-réponses ou des questions oratoires pour générer des moments de réflexion. d) Faire preuve de créativité.		

Source : *Inspiré d'un outil de travail élaboré par D. REHORICK (Université du Nouveau-Brunswick)*

Grille de planification
d'un cours coopératif

Thème	
Objectif de l'équipe	
Durée approximative de l'activité	
Connaissances préalables	
Ressources / matériel	
Esprit de classe et esprit d'équipe	
Regroupement	
Interdépendance	
Habiletés coopératives	
Réflexion critique	
Rôle à titre d'enseignant	
Déroulement de l'activité (Utiliser une feuille supplémentaire au besoin)	

Source : *Inspiré de P. C. ABRAMI, et autres, 1996,* L'apprentissage coopératif : théories, méthodes, activités, *Montréal, Les Éditions de la Chenelière, p. 122.*

Feuille reproductible © Les Éditions de la Chenelière inc.

Calendrier d'implantation de la coopération

Phase de la mise en oeuvre	La coopération dans votre classe
1. La prise de conscience	
1re semaine	
2e semaine	
3e semaine	
4e semaine	
2. L'apprentissage de la coopération	
5e semaine	
6e semaine	
7e semaine	
8e semaine	
9e semaine	
3. La coopération pour apprendre	
10e semaine	
11e semaine	
12e semaine	
13e semaine	
14e semaine	
15e semaine	

BIBLIOGRAPHIE

ABRAMI, P. C. et autres, 1996. *Apprentissage coopératif : théories, méthodes, activités*, Montréal, Les Éditions de la Chenelière.

ARONSON, E. et autres, 1978. *The Jigsaw Classroom*, Beverly Hills, Sage Publications.

ASTIN, A., 1993. *What Matters in College. Four Critical Years Revisited*, San Francisco, Jossey-Bass.

BRUFFEE, K., 1993. *Collaborative Learning: Higher Education, Interdependence, and the Authority of Knowledge*, Baltimore, The Johns Hopkins University Press.

CAMPBELL, B., 1999. *Les intelligences multiples. Guide pratique*, Montréal, Les Éditions de la Chenelière.

CARROLL, E. R., 1991. «Improved Interpersonal Relationships : A Result of Group Learning», *Journal of Business and Technical Communication*, 5, 3, p. 285-299.

COHEN, E., 1994. *Le travail de groupe: stratégies d'enseignement pour la classe hétérogène*, Montréal, Les Éditions de la Chenelière.

COVE, P. G. et A. GOODSELL LOVE, 1996. «Enhancing Student Learning: Intellectual, Social, and Emotional Integration», *ERIC Digest*, n° ED400741.

CONFERENCE BOARD DU CANADA, 1994. *Profil des compétences relatives à l'employabilité*, Ottawa.

DAVIDSON, N., 1985. «Small-Group Learning and Teaching in Mathematics: A Selective Review of the Research», R. E. SLAVIN, S. SHARAN, S. KAGAN, R. HERTZ-LAZAROWITZ, C. WEBB et R. SCHMUCK, dans *Learning to Cooperate, Cooperating to Learn*, New York, Plenum.

DEWEY, J., 1963. *Experience in Education*, New York, MacMillan Publishing Company.

FARR, R. et B. TONE, 1998. *Le portfolio au service de l'apprentissage et de l'évaluation*, Montréal, Chenelière/McGraw-Hill.

FRANCOEUR-BELLAVANCE, S., 1997. *Le travail en projet: une stratégie pédagogique transdisciplinaire*, Longueuil, Integra.

FRASER, S. C., A. L. BEAMAN, E. DIENER et R. T. KELEM, 1997. «Two, Three, or Four Heads Are Better Than One: Modification of College Performance by Peer Monitoring», *Journal of Educational Psychology*, 69, 2, p. 101-108.

GARDNER, H., 1996. *Les intelligences multiples*, Paris, Éditions Retz.

GILOVICH, T., 1991. *How We Know What Isn't So*, New York, Free Press.

GLASSER, W., 1997. *Enseigner à l'école qualité*, Montréal, Les Éditions de la Chenelière.

GOLEMAN, D., 1995. *Emotional Intelligence*, New York, Bantam Books.

GOULET, J.-P., dir., 1995. *Enseigner au collégial*, Montréal, Association québécoise de pédagogie collégiale.

GUY, H. et autres, 1996. *Processus de planification d'un cours centré sur le développement d'une compétence*, Québec, Pôle de l'est.

HOWDEN, J., 1995. *Pratico-pratique : coopérer pour apprendre, apprendre à coopérer*, Montréal, Mosaïque : consultants en éducation.

HOWDEN, J. et M. KOPIEC, 1999. *Structurer le succès*, Montréal, Chenelière / McGraw-Hill.

HOWDEN, J. et H. MARTIN, 1997. *La coopération au fil des jours*, Montréal, Les Éditions de la Chenelière.

JOHNSON, D. W. et R. T. JOHNSON, 1992. *Creative Controversy*, Edina, Interaction Book Company.

JOHNSON , D. W. et R. T. JOHNSON, 1989. *Cooperation and Competition : Theory and Research*, Edina, Interaction Book Company.

JOHNSON, D. W., R. T. JOHNSON et E. HOLUBEC, 1997. *La coopération en classe,* traduction et adaptation de J. HOWDEN et D. ARCAND, *Cooperation in the Classroom,* Edina, Interaction Book Company.

JOHNSON, D. W., R. T. JOHNSON et K. A. SMITH, 1991. *Active Learning: Cooperation in the College Classroom*, Edina, Interaction Book Company.

—— 1992. «Cooperative Learning: Increasing College Faculty Instructional Productivity», *ASHE-ERIC Report on Higher Education*, n° 4.

JONES, B. F. et L. IDOL, 1990. *Dimensions of Thinking and Cognitive Instruction*, Hillsdale, North Central Regional Educational Laboratory.

KAGAN, S., 1996. *Cooperative Learning*, San Juan Capistrano, Kagan Cooperative Learning.

KAUFMAN, D., E. SUTTOW et K. DUNN, 1997. « Three Approaches to Cooperative Learning in Higher Education », *The Canadian Journal of Higher Education,* vol. XXVII, nos 2-3, p. 37-66.

KING, A., 1993. «From Sage on The Stage to Guide on the Side», *College Teaching,* 41, 1, p. 30-35.

LYMAN, F., 1992. *Think-Pair-Share*, West Heaven, NEA Professional Library.

MacLEAN, P.D., 1990. *The Truine Brain: Role in Paleocerebral Functions*, New York, Plenum Press.

MARZANO, R. J., 1992. *A Different Kind of Classroom. Teaching with Dimensions of Learning*, Alexandria, ASCD.

McKEACHIE, W.J., 1994. *Teaching Tips, Strategies: Research and Theory for College and University Teachers* (9th edition), Lexington, Heath and Company.

MILLIS, B., 1991. «Enhancing Adult Learning Through Cooperative Small Groups», *Continuing Higher Education Review*, vol. 55, n° 3, p. 144-154.

MILLIS, B. et P. COTTELL, 1998. *Cooperative Learning for Higher Education Faculty*, Phoenix, The Oryx Press.

MORISSETTE-PÉRUSSET (collectif), 2000. *Vivre la pédagogie du projet collectif,* Montréal, Chenelière / McGraw-Hill.

PERRENOUD, P., 1995. « Des savoirs aux compétences : de quoi parle-t-on en parlant de compétences », *Pédagogie collégiale*, vol. 9, no 1, p. 20-24.

PIAGET, J., 1969. *Psychologie et pédagogie*, Paris, Densel.

PIAGET, J. et B. IHELDER, 1973. *La psychologie de l'enfant*, Paris, Presses universitaires de France.

RHOADES, J. et M. E. McCABE, 1992. *Outcome-Based Learning*, Sacramento, ITA Publications.

ROMANO, G., 1996. *Environnement pédagogique et apprentissage au collégial*, Québec, Collège François-Xavier-Garneau, 94 p. (PAREA).

SAINT-ONGE, M., 1992. *Moi j'enseigne, mais eux, apprennent-ils?*, Laval, Éditions Beauchemin ltée.

SAMPLES, B., 1987. *Openmind / Wholemind: Parenting and Teaching Tomorrow Children*, California, Jalma Press.

SHARAN, S., 1990. *Cooperative Learning: Theory and Research*, New York, Praeger.

SLAVIN, R. E., 1990. *Cooperative Learning: Theory, Research and Practice*, Englewood Cliffs, Prentice Hall.

SMITH, K. A., 1993. *Cooperative Learning and Problem Solving*, Cooperative Learning and College Teaching, vol. 3, no 2, p. 10-12.

SMITH, K. A., 1995. «Cooperative Learning : Effective Teamwork for Engineering Classrooms», *IEEE Education Society/ASEE Electrical Engineering Division Newsletter*, mars 1995.

SMITH, K. A. et A. A. WALLER, 1997. « Cooperative Learning for New College Teachers », dans W.E. CAMPBELL et K.A. SMITH, éd., *New Paradigms for College Teachers,* Edina, Interaction Book Company, p. 183-209.

—— 1996. «Cooperative Learning: Making Groupwork Work», C. BONWELL et T. SUTHERLUND, éd., «Active Learning: Lessons from Practice and Emerging Issues», *New Directions for Teaching and Learning,* San Francisco, Jossey-Bass.

SMITH, K. A. et A. M. STARFIELD, 1993. «Building Models to Solve Problems», dans J. H. CLARKE et A. W. BIDDLE, éd., *Teaching Critical Thinking: Reports from Across the Curriculum,* Toronto, Prentice Hall.

SVINICKI, M. D., éd., 1990. *The Changing Face of College Teaching,* San Francisco, Jossey-Bass.

SYLWESTER, R., 1995. *A Celebration of Neurons: An Educator's Guide to the Human Brain,* Alexandria.

TARDIF, J., 1992. *Pour un enseignement stratégique : l'apport de la psychologie cognitive,* Montréal, Les Éditions Logiques.

TINTO, V., 1994. *Leaving College: Rethinking the Causes and Cures of Student Attrition,* 2ᵉ édition, Chicago, University of Chicago Press.

TREMBLAY, D., 1999. *Communication lors du colloque de l'Association québécoise des professeurs du collégial.*

TRUDEAU, H. et autres, 1997. *Si un simple geste donnait des résultats,* Montréal, Chenelière/McGraw-Hill.